災害リスクと地価のパネルデータ分析
報　告　書

令和 3 年 6 月

公益財団法人日本住宅総合センター

　本報告書は、令和元年8月から令和3年3月にかけて、日本住宅総合センターが実施した調査研究「都市防災に係る整備の効果に関する調査研究」をもとに作成したものであり、本報告書の一部は株式会社 日本能率協会総合研究所に委託したものである。なお、本研究は河端瑞貴・慶應義塾大学教授、および直井道生・慶應義塾大学教授との共同研究として実施した。

はじめに

　近年、首都圏およびその周辺の地震リスクが顕在化してきている。地震調査委員会（2004）によると、南関東地域でマグニチュード7クラスの地震が発生する確率は、今後30年間で70%と言われており、都市における防災整備は喫緊の課題となっている。

　東京都には、政治、行政、経済の中枢を担う機関が集中しており、それらがすべて機能不全となれば大混乱となり、政府の災害対策が遅れれば、多くの人命が失われる。そこで、東京都は2012年より「木密地域不燃化１０年プロジェクト」を進めており、一定の成果を上げている。具体的には、都市計画道路整備、老朽木造住宅の建替え促進等により、積年の課題であった木造住宅密集地域の解消が進捗するなど、めざましい安全性の向上がみられる。また、東京オリンピック関連の再開発事業が進むなど、様々な都市インフラ整備が急速に進んでいる。

　一方で、これらの公共投資がどれだけ効率的であるのかといった検証は行われてきていない。近年の社会経済構造は急速に変化してきており、限られた予算・資源のものと効率的な政策を立案・実施することが求められている。政府の「経済財政運営と改革の基本方針 2020」においても、EBPM（Evidence-Based Policy Making）の推進について記載されるなど、データに基づく政策立案が重要視されている。そのような中、急速に進む都市防災整備に係る施策の評価は、これまで積極的に行われていない。

　そこで、本研究では、東京都が5年おきに公表している地域危険度および国土交通省が公表している密集市街地のデータ、地価公示価格のデータを用いて、都市防災整備の社会的便益の推定を試みた。また、近年、地理空間情報に関するデータの入手が容易になったことや、地理情報システムの発展と共に、注目を集める空間計量経済学のモデルを用いることで、従来では推定が困難であったインフラ整備の波及効果の推定も試みている。

　本研究が防災インフラに携わる政策立案者や、都市住宅分野の研究者の参考になれば幸いである。

令和3年6月

公益財団法人　日本住宅総合センター

目　　次

第1章　地震リスクについて 1

1-1　南海トラフ巨大地震及び首都直下地震の発生確率 1

1-2　南海トラフ巨大地震及び首都直下地震の被害想定 4

1-2-1　南海トラフ巨大地震 4

1-2-2　首都直下地震 14

1-3　東京都の被害想定 23

1-3-1　南海トラフ巨大地震等による東京の被害想定 23

1-3-2　首都直下地震等による東京の被害想定 26

1-4　地震被害の歴史 41

1-4-1　過去 100 年の地震被害の歴史 41

1-4-2　都心における地震被害 46

1-5　阪神淡路大震災の教訓 52

第2章 巨大地震対策（南海トラフ巨大地震及び首都直下地震） 54

2-1　国の地震対策方針 54

2-1-1　南海トラフ地震対策 54

2-1-2　首都直下地震対策 58

2-2　東京都の地震対策 63

2-2-1　地震に強い都市づくり 63

2-2-2　地震火災等の防止 70

2-2-3　施設構造物・建築物等の安全化 70

2-3　木密地域の再開発の事例 71

第3章　地震リスク関連の先行研究 75

3-1　ヘドニック・アプローチによる災害リスク評価 75

3-2　既存研究 76

3-2-1　災害リスク情報の公表・更新 76

3-3　災害発生とリスク評価の更新 77

3-4　建物・立地属性と災害リスク評価の関連 78

第4章　空間計量経済学 79

4-1　クロスセクションモデル 79

4-1-1　モデルの分類 79

4-1-2　直接効果と間接（スピルオーバー）効果 81

4-1-3　推定例 83

4-2　空間パネルデータモデル 86

4-2-1　モデル 86

4-2-2　推定例 86

第5章　都市防災整備の効果 89

5-1　分析モデル 89

5-2　使用データ 90

5-3　推定結果 93

まとめ 96

補論1　密集市街地の定義と整備目標 97

補論2　東京都の木造住宅密集地域 100

補論3　地域危険度について 104

補論3-1　建物倒壊危険度 105

補論3-2　火災危険度 107

補論3-3　災害時活動困難度 109

補論3-4　総合危険度 109

補論3-5　地域危険度の変更点 110

参考文献 113

第 1 章　地震リスクについて

1-1　南海トラフ巨大地震及び首都直下地震の発生確率

　政府 地震調査研究推進本部では、「同じ場所で同じような地震がほぼ定期的に繰り返す」という仮定のもとに、大きな被害をもたらす可能性が高い、活断層で起きる地震、プレート境界やその付近で起きる地震（海溝型地震）について地震発生確率値を含む長期評価結果を公表している。

　地震発生確率値は、歴史記録や調査研究等から分かった過去の地震活動記録を統計的に処理し、「今後ある一定期間内に地震が発生する可能性」を確率で表現したものである。

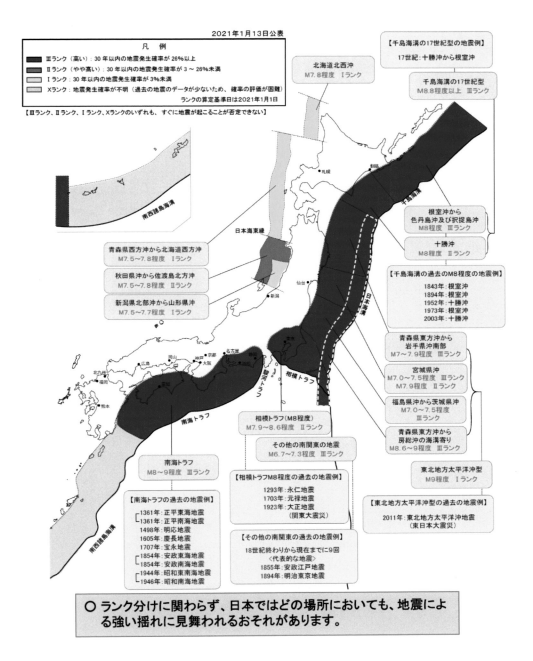

（出所）地震調査研究推進本部(2021)

図 1.1　海溝型地震の長期評価

南海トラフ沿いの地域においては、これまで100～200年の周期で大規模な地震が発生し、大きな被害を生じさせており、政府の地震調査研究推進本部地震調査委員会における長期評価においては、この地域におけるマグニチュード8～9クラスの地震の30年以内の発生確率は70%～80%とされている（令和3年1月1日現在）。

・南海トラフで次に発生する地震

● 南海トラフで発生する地震は、多様性に富むため、<u>次の地震の震源域の広がりを正確に予測することは、現時点の科学的知見では困難</u>

● 南海地域、東海地域で同時に発生する地震と、時間をおいて発生する地震があるが、時間をおいて発生する場合でも、数年以内にもう一方で地震が発生しており、<u>両領域はほぼ同時に活動していると見なせる。</u>

● <u>南海トラフ全体を一つの領域と考え、大局的には100～200年間隔で繰り返し大地震が発生しているとして評価</u>

● 正平地震以降の地震で評価

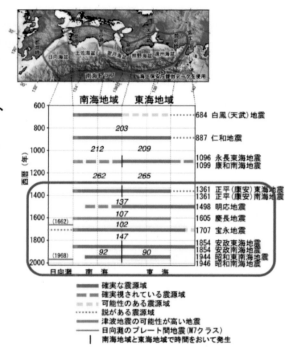

（出所）地震調査研究推進本部(2013)

図 1.2　南海トラフの地震活動の長期評価（第二版）概要資料

南関東地域では、200 年から 400 年の間隔で、相模トラフ沿いのプレート境界を震源断層域とするマグニチュード 8 クラスの大規模な地震が発生してきた。

また、過去 400 年ほどの記録では、この大規模な地震の前に浅い地盤やプレート内などを震源断層域とするマグニチュード 7 クラスの地震が複数回発生している。

前者のタイプの地震で最も新しいものが大正関東地震であるが、政府の地震調査研究推進本部地震調査委員会における長期評価では、30 年以内の発生確率はほぼ 0%〜6%とされている（令和 3 年 1 月 1 日現在）。したがって、このようなマグニチュード 8 クラスの地震に関しては、当面発生する可能性は低いと考えられている。

一方、後者のタイプのマグニチュード 7 クラスの地震は、様々なタイプが考えられ、どこで発生するかわからないが、切迫性は高く、発生した場合には甚大な被害をもたらすことが想定される。政府の地震調査研究推進本部地震調査委員会における長期評価では、30 年以内の発生確率は 70%程度とされている（令和 3 年 1 月 1 日現在）。

相模トラフ沿いで次に発生する地震

・相模トラフで次に発生するプレートの沈み込みに伴うM7程度の地震の発生確率

- プレートの沈み込みに伴うM7程度の地震は、評価対象領域内のどこかで発生するものとして評価

- 元禄関東地震（1703年）と大正関東地震（1923年）の間の220年間でみると、平均して27.5年に1回の頻度でM7程度の地震が発生していることから、これを平均発生間隔として地震発生確率を評価

発生確率

領域	規模	30年発生確率
プレートの沈み込みに伴うM7程度の地震	M7程度 (M6.7〜M7.3)	70%程度

※浅い地殻内の地震については評価に含めていない。

評価対象領域

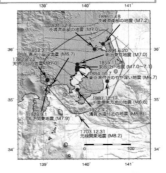

- ●：本評価で対象とした地震
- ●：大正関東地震(1923)の余震
- ○：前回評価対象とした地震
- ☆：M8クラスのプレート境界地震

プレートの沈み込みに伴うM7程度の地震の特徴

・元禄関東地震（1703年）と大正関東地震（1923年）の間の220年間でみると、地震活動は前半は比較的静穏で、後半に活発、また、大正関東地震（1923年）以降現在に至る90年間でみると、静穏な期間が継続
⇒ 今後、次の関東地震の発生に向かって、地震活動が活発になる可能性

・1894〜1895年にかけて3回、1921〜1922年にかけて2回の地震が発生
⇒ 短期間内に連続して発生する場合がある

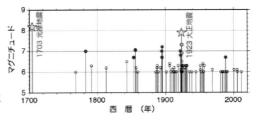

（出所）地震調査研究推進本部(2014)

図 1.3　相模トラフ沿いの地震活動の長期評価（第二版）の概要資料

1-2　南海トラフ巨大地震及び首都直下地震の被害想定

1-2-1　南海トラフ巨大地震

　ここでは、「南海トラフ巨大地震の被害想定（建物被害・人的被害）（再計算）（令和元年6月）」内閣府（防災担当）より、南海トラフ巨大地震の被害想定を整理した。

（1）被害想定の前提
①地震動

　地震動・津波高等については、平成23年8月に内閣府に設置された「南海トラフの巨大地震モデル検討会」において検討されたものとなっている。

　地震動はモデル検討会で検討された地震動5ケースのうち「基本ケース」と、揺れによる被害が最大となると想定される「陸側ケース」について、また、津波はモデル検討会で検討された津波11ケースのうち、東海地方、近畿地方、四国地方、九州地方それぞれで大きな被害が想定されるケースとなる「ケース1」、「ケース3」、「ケース4」、「ケース5」について、それぞれ地震動と津波を組み合わせて被害想定が実施されている。

　被害想定に用いた震度分布図（基本ケース／陸側ケース）、津波高分布図（ケース1／ケース3／ケース4／ケース5）を次頁以降に示す。

②季節、気象条件等

　家屋被害等は火災の状況で異なることから、被害量の幅をとらえるため、発災季節・時間帯及び風速は次のように設定されている。
　（発災季節・時間帯）
　　・冬深夜　・夏昼　・冬夕
　（風速）
　　・平均風速　・8m/s

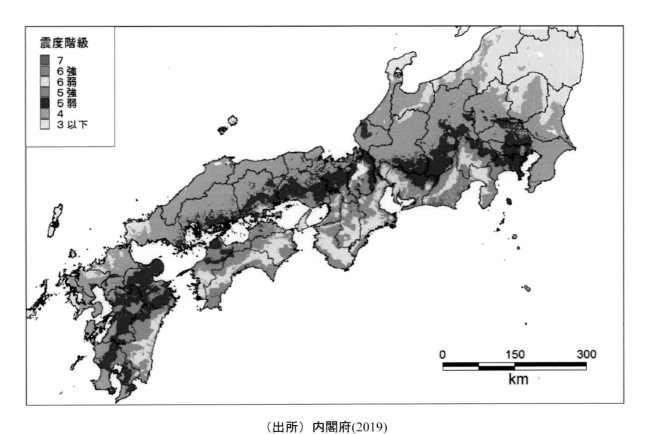

（出所）内閣府(2019)

図 1.4　震度分布図（基本ケース）

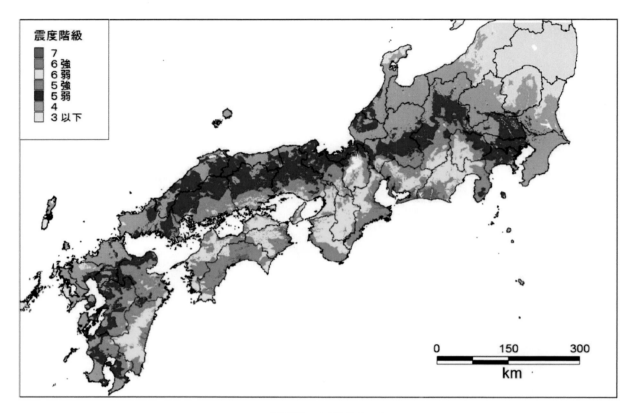

（出所）内閣府(2019)

図 1.5　震度分布図（陸側ケース）

（出所）内閣府(2019)

図 1.6　津波高分布図（ケース 1「駿河湾～紀伊半島沖」に大すべり域を設定）

（出所）内閣府(2019)

図 1.7　津波高分布図（ケース 3「紀伊半島沖～四国沖」に大すべり域を設定）

（出所）内閣府(2019)

図 1.8　津波高分布図（ケース4「四国沖」に大すべり域を設定）

（出所）内閣府(2019)

図 1.9　津波高分布図（ケース5「四国沖～九州沖」に大すべり域を設定）

（2）建物等被害

①全体

東海地方が大きく被災するケースを以下に示す。

表 1.1　東海地方が大きく被災するケース

地震動ケース（基本）　津波ケース（ケース①）

項目		冬・深夜	夏・昼	冬・夕
揺れによる全壊		約 480,000 棟		
液状化による全壊		約 102,000 棟		
津波による全壊		約 168,000 棟		
急傾斜地崩壊による全壊		約 4,600 棟		
地震火災による焼失	平均風速	約 40,000 棟	約 56,000 棟	約 260,000 棟
	風速8m/s	約 57,000 棟	約 72,000 棟	約 303,000 棟
全壊及び焼失棟数合計	平均風速	約 795,000 棟	約 810,000 棟	約 1,015,000 棟
	風速8m/s	約 811,000 棟	約 827,000 棟	約 1,057,000 棟
ブロック塀等転倒数		約 522,000 件		
自動販売機転倒数		約 9,000 件		
屋外落下物が発生する建物数		約 274,000 棟		

地震動ケース（陸側）　津波ケース（ケース①）

項目		冬・深夜	夏・昼	冬・夕
揺れによる全壊		約 1,071,000 棟		
液状化による全壊		約 119,000 棟		
津波による全壊		約 156,000 棟		
急傾斜地崩壊による全壊		約 6,600 棟		
地震火災による焼失	平均風速	約 129,000 棟	約 154,000 棟	約 660,000 棟
	風速8m/s	約 163,000 棟	約 194,000 棟	約 732,000 棟
全壊及び焼失棟数合計	平均風速	約 1,481,000 棟	約 1,506,000 棟	約 2,012,000 棟
	風速8m/s	約 1,515,000 棟	約 1,546,000 棟	約 2,084,000 棟
ブロック塀等転倒数		約 858,000 件		
自動販売機転倒数		約 16,000 件		
屋外落下物が発生する建物数		約 701,000 棟		

（出所）内閣府(2019)

②各都府県で全壊棟数が最大となるケースの要因別内訳

表 1.2　各都府県で全壊棟数が最大となるケースの要因別内訳（冬・夕方）

(棟)

	揺れ	液状化	津波	急傾斜地崩壊	火災	合計	最大被災ケース 地震動ケース	最大被災ケース 津波ケース	最大被災ケース 風速
茨城県	－	－	約10	－	－	約10		ケース①	
栃木県	－	－	－	－	－	－			
群馬県	－	－	－	－	－	－			
埼玉県	－	約600	－	－	約50	約600	陸側	ケース①	8m
千葉県	－	約50	約1,800	－	約10	約1,800	陸側	ケース①	8m
東京都	－	約800	約900	－	約100	約1,900	陸側	ケース①	8m
神奈川県	約10	約1,000	約2,700	約10	約100	約3,800	基本	ケース①	8m
新潟県	－	－	－	－	－	－			
富山県	－	－	－	－	－	－			
石川県	－	約40	－	－	－	約50	陸側		
福井県	－	約1,900		約10	約10	約1,900	陸側		8m
山梨県	約4,300	約600	－	約100	約800	約5,800	陸側		8m
長野県	約500	約1,400	－	約80	約40	約2,000	陸側		8m
岐阜県	約2,700	約3,400	－	約20	約400	約6,500	陸側		8m
静岡県	約149,000	約3,700	約29,000	約600	約78,000	約260,000	基本	ケース①	8m
愛知県	約183,000	約18,000	約1,800	約400	約123,000	約326,000	陸側	ケース①	8m
三重県	約141,000	約5,800	約28,000	約800	約42,000	約217,000	陸側	ケース①	8m
滋賀県	約5,500	約2,400	－	約70	約2,500	約10,000	陸側		8m
京都府	約7,500	約3,400	－	約30	約56,000	約67,000	陸側		8m
大阪府	約38,000	約14,000	約400	約100	約262,000	約314,000	陸側	ケース③	8m
兵庫県	約20,000	約3,100	約3,300	約200	約18,000	約45,000	陸側	ケース③	8m
奈良県	約21,000	約4,900		約200	約13,000	約38,000	陸側		8m
和歌山県	約81,000	約4,500	約48,000	約600	約37,000	約171,000	陸側	ケース③	8m
鳥取県	－	約300	－	－	－	約300	陸側		
島根県	－	約500	－	－	－	約500	陸側		
岡山県	約14,000	約5,000	約80	約200	約10,000	約29,000	陸側	ケース⑤	8m
広島県	約7,800	約11,000	約3,900	約300	約400	約24,000	陸側	ケース⑤	8m
山口県	約1,000	約2,900	約1,800	約50	約30	約5,800	陸側	ケース⑤	8m
徳島県	約76,000	約3,800	約16,000	約500	約21,000	約119,000	陸側	ケース③	8m
香川県	約28,000	約4,100	約1,800	約100	約10,000	約45,000	陸側	ケース⑤	8m
愛媛県	約96,000	約6,800	約15,000	約400	約49,000	約168,000	陸側	ケース⑤	8m
高知県	約147,000	約1,200	約52,000	約1,100	約21,000	約223,000	陸側	ケース④	8m
福岡県	－	約200	約200	－	約10	約500	陸側	ケース④	8m
佐賀県	－	約20	－	－		約20	陸側		
長崎県	－	約10	約700	－	－	約700	陸側	ケース⑤	
熊本県	約10	約2,900	約70	約20	約30	約3,000	陸側	ケース⑤	8m
大分県	約2,100	約2,400	約26,000	約300	約700	約31,000	陸側	ケース⑤	8m
宮崎県	約31,000	約3,700	約26,000	約400	約14,000	約75,000	陸側	ケース⑤	8m
鹿児島県	約80	約4,400	約2,400	約20	約20	約6,900	陸側	ケース⑤	8m
沖縄県	－	－	約50	－	－	約50		ケース⑤	

－：わずか

（注）今回の被害想定は、マクロの被害を把握する目的で実施しており、都府県別の数値はある程度幅をもって見る必要がある。また、四捨五入の関係で合計が合わない場合がある。

（出所）内閣府(2019)

10

（3）人的被害

①全体

東海地方が大きく被災するケースを以下に示す。

表 1.3　東海地方が大きく被災するケース

地震動ケース（基本）　　津波ケース（ケース①）

項目		冬・深夜	夏・昼	冬・夕
建物倒壊による死者 （うち屋内収容物移動・転倒、屋内落下物）		約 29,000 人 （約 2,000 人）	約 13,000 人 （約 900 人）	約 20,000 人 （約 1,300 人）
津波による死者		約 154,000 人	約 110,000 人	約 107,000 人
急傾斜地崩壊による死者		約 400 人	約 200 人	約 300 人
地震火災による死者	平均風速	約 1,500 人	約 900 人	約 4,800 人
	風速8m/s	約 2,000 人	約 1,200 人	約 5,200 人
ブロック塀・自動販売機の転倒、屋外落下物による死者		約 10 人	約 200 人	約 500 人
死者数合計	平均風速	約 185,000 人	約 124,000 人	約 133,000 人
	風速8m/s	約 186,000 人	約 124,000 人	約 133,000 人
負傷者数		約 269,000 人 ～約 270,000 人	約 240,000 人 ～約 241,000 人	約 232,000 人 ～約 234,000 人
揺れによる建物被害に伴う要救助者 （自力脱出困難者）		約 104,000 人	約 65,000 人	約 82,000 人
津波被害に伴う要救助者		約 33,000 人	約 37,000 人	約 35,000 人

（出所）内閣府(2019)

②各都府県で死者数が最大となるケースの死者内訳

表 1.4　各都府県で死者数が最大となるケースの死者内訳（地震動ケース（陸側）、風速 8m/s）

	建物倒壊	（うち屋内収容物移動・転倒、屋内落下物）	津波	急傾斜地崩壊	火災	ブロック塀・自動販売機の転倒、屋外落下物	合計	最大被災ケース 津波ケース	発災季節・時間
茨城県	－	－	－	－	－	－	－		
栃木県	－	－	－	－	－	－	－		
群馬県	－	－	－	－	－	－	－		
埼玉県	－	－	－	－	－	－	－		
千葉県	－	－	約600	－	－	－	約600	ケース①	冬・深夜
東京都	－	－	約1,100	－	－	－	約1,100	ケース①	冬・深夜
神奈川県	－	－	約1,200	－	－	－	約1,200	ケース①	冬・深夜
新潟県	－	－	－	－	－	－	－		
富山県	－	－	－	－	－	－	－		
石川県	－	－	－	－	－	－	－		
福井県	－	－	－	－	－	－	－		
山梨県	約300	約20	－	約10	－	－	約300		冬・深夜
長野県	約30	約10	－	約10	－	－	約40		冬・深夜
岐阜県	約200	約20	－	－	－	－	約200		冬・深夜
静岡県	約9,300	約800	約79,000	約50	約200	－	約88,000	ケース①	冬・深夜
愛知県	約11,000	約900	約1,700	約40	約1,300	－	約14,000	ケース①	冬・深夜
三重県	約8,400	約500	約22,000	約70	約600	－	約31,000	ケース①	冬・深夜
滋賀県	約300	約40	－	約10	－	－	約300		冬・深夜
京都府	約300	約30	－	－	約100	約80	約500		冬・夕
大阪府	約1,700	約100	約500	約10	約1,100	約300	約3,600	ケース③	冬・夕
兵庫県	約900	約70	約2,000	約10	約100	約60	約3,100	ケース③	冬・夕
奈良県	約1,300	約90	－	約20			約1,300		冬・深夜
和歌山県	約5,000	約300	約47,000	約50	約700	－	約53,000	ケース③	冬・深夜
鳥取県	－	－	－	－	－	－	－		
島根県	－	－	－	－	－	－	－		
岡山県	約800	約60	約60	約20	－	－	約900	ケース⑤	冬・深夜
広島県	約500	約40	約600	約30	－	－	約1,100	ケース⑤	冬・深夜
山口県	約60	－	約300	－	－	－	約300	ケース⑤	冬・深夜
徳島県	約4,400	約300	約13,000	約50	約400	－	約18,000	ケース③	冬・深夜
香川県	約1,800	約90	約900	約10	約40	－	約2,800	ケース④	冬・深夜
愛媛県	約6,000	約300	約2,700	約40	約400	－	約9,200	ケース⑤	冬・深夜
高知県	約9,100	約500	約19,000	約100	約1,200	－	約30,000	ケース④	冬・深夜
福岡県	－		約70	－	－	－	約70	ケース④	冬・深夜
佐賀県	－	－	－	－	－	－	－		
長崎県	－	－	約200	－	－	－	約200	ケース⑤	夏・昼
熊本県	－	－	約50	－	－	－	約50	ケース⑤	冬・深夜
大分県	約100	約10	約6,600	約30	－	－	約6,700	ケース⑤	冬・深夜
宮崎県	約1,900	約100	約23,000	約40	約60	－	約25,000	ケース⑤	冬・深夜
鹿児島県	－	－	約700	－	－	－	約700	ケース⑤	冬・深夜
沖縄県	－	－	約20	－	－	－	約20	ケース⑤	冬・深夜

－：わずか

（注）今回の被害想定は、マクロの被害を把握する目的で実施しており、都府県別の数値はある程度
　　　幅をもって見る必要がある。また、四捨五入の関係で合計が合わない場合がある。

（出所）内閣府(2019)

表 1.5　各都府県で負傷者数が最大となるケースの負傷者内訳（風速 8m/s）

（人）

都道府県	建物倒壊	（うち屋内収容物移動・転倒、屋内落下物）	津波	急傾斜地崩壊	火災	ブロック塀・自動販売機の転倒、屋外落下物	合計	最大被災ケース 地震動ケース	最大被災ケース 津波ケース	最大被災ケース 発災季節・時間
茨城県	－	－	約10	－	－	－	約10		ケース①	冬・深夜
栃木県	－	－	－	－	－	－	－			
群馬県	－	－	－	－	－	－	－			
埼玉県	－	－	－	－	－	約10	約10	陸側		冬・夕
千葉県	－	－	約300	－	－	－	約300		ケース①	冬・深夜
東京都	－	－	約40	－	約20	約100	約200	陸側	ケース①	冬・夕
神奈川県	約200	約100	約200	－	約10	約400	約800	基本	ケース①	冬・夕
新潟県	－	－	－	－	－	－	－			
富山県	－	－	－	－	－	－	－			
石川県	－	－	－	－	－	－	－			
福井県	約70	約50	－	－	－	約10	約70	陸側		夏・昼
山梨県	約4,700	約600	－	約10	－	約10	約4,800	陸側		冬・深夜
長野県	約1,500	約300	－	約10	－	－	約1,500	陸側		冬・深夜
岐阜県	約3,900	約700	－	－	－	－	約3,900	陸側		冬・深夜
静岡県	約67,000	約13,000	約4,900	約20	約200	約800	約73,000	陸側	ケース①	夏・昼
愛知県	約79,000	約23,000	約200	約40	約2,100	約80	約81,000	陸側	ケース①	冬・深夜
三重県	約59,000	約9,000	約800	約90	約500	約20	約60,000	陸側	ケース①	冬・深夜
滋賀県	約8,000	約1,200		約10		約10	約8,000	陸側		冬・深夜
京都府	約6,100	約1,500		－	約2,800	約2,800	約12,000	陸側		冬・夕
大阪府	約25,000	約8,000	約200	約10	約16,000	約9,700	約51,000	陸側	ケース③	冬・夕
兵庫県	約17,000	約3,700	約500	約20	約30	約50	約17,000	陸側	ケース③	冬・深夜
奈良県	約15,000	約2,200	－	約30	約20	約20	約15,000	陸側		冬・深夜
和歌山県	約32,000	約5,100	約1,600	約70	約700	約20	約35,000	陸側	ケース④	冬・深夜
鳥取県	－	－	－	－	－	－	－			
島根県	－	－	－	－	－	－	－			
岡山県	約14,000	約1,700	約10	約20	約40	約20	約15,000	陸側	ケース⑤	冬・深夜
広島県	約8,700	約1,500	約60	約30	－	約20	約8,900	陸側	ケース⑤	冬・深夜
山口県	約1,600	約100	約70	約10	－	－	約1,600	陸側	ケース①	冬・深夜
徳島県	約29,000	約4,600	約900	約20	約400	約200	約30,000	陸側	ケース③	夏・昼
香川県	約19,000	約1,900	約200	約20	約40	約10	約19,000	陸側	ケース⑤	冬・深夜
愛媛県	約42,000	約5,900	約300	約50	約500	約20	約42,000	陸側	ケース⑤	冬・深夜
高知県	約50,000	約7,500	約400	約50	約700	約300	約52,000	陸側	ケース③	夏・昼
福岡県	約10	約10	約20	－	－	－	約30	陸側	ケース⑤	夏・昼
佐賀県	－	－	－	－	－	－	－			
長崎県	－	－	約100	－	－	－	約100		ケース⑤	夏・昼
熊本県	約300	約100	約10	－	－	約30	約400	陸側	ケース④	夏・昼
大分県	約3,100	約500	約600	約30	－	－	約3,800	陸側	ケース⑤	冬・深夜
宮崎県	約17,000	約2,900	約1,600	約50	約200	約10	約19,000	陸側	ケース③	冬・深夜
鹿児島県	約600	約90	約300	－	－	約10	約800	陸側	ケース⑤	夏・昼
沖縄県	－	－	約10	－	－	－	約10		ケース⑤	冬・深夜

－：わずか

（注）今回の被害想定は、マクロの被害を把握する目的で実施しており、都府県別の数値はある程度
　　幅をもって見る必要がある。また、四捨五入の関係で合計が合わない場合がある。

（出所）内閣府(2019)

1-2-2 首都直下地震

　ここでは、「首都直下地震の被害想定と対策について（最終報告）（平成 25 年 12 月）」中央防災会議
より、首都直下地震の被害想定について整理した。

（1）被害想定の前提

①地震動

　地震動は「首都直下地震モデル検討会」（中央防災会議）で検討された都心南部直下地震を対象としている。被害量の推計に用いた震度分布は下図の通りである。

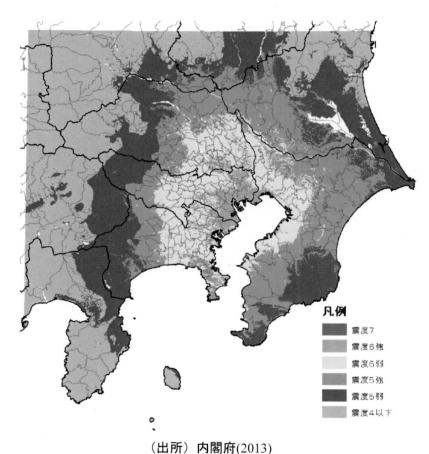

（出所）内閣府(2013)

図 1.10　都心南部直下地震　震度分布

②季節、気象条件等

　家屋被害等は火災の状況で異なることから、被害量の幅をとらえるため、発災季節・時間帯及び風速は
次のように設定されている。

　（発災季節・時間帯）

　　・冬深夜　・夏昼　・冬夕

　（風速）

　　・3m/s（日平均風速）　・8m/s（日最大風速よりもやや強めの風速）

③建物棟数・人口

前提としている建物棟数・人口を以下に示す。

表 1.6　建物棟数・人口

	建物棟数（棟）			人口（人）		
	木造棟数	非木造棟数	合計	深夜	昼	夕
茨城県	約 954,000	約 328,000	約 1,282,000	約 2,979,000	約 2,835,000	約 2,835,000
栃木県	約 706,000	約 282,000	約 988,000	約 2,007,000	約 1,988,000	約 1,980,000
群馬県	約 726,000	約 290,000	約 1,015,000	約 2,007,000	約 1,994,000	約 1,985,000
埼玉県	約 1,690,000	約 542,000	約 2,232,000	約 7,209,000	約 6,033,000	約 6,176,000
千葉県	約 1,530,000	約 443,000	約 1,973,000	約 6,196,000	約 5,301,000	約 5,364,000
東京都	約 1,853,000	約 757,000	約 2,610,000	約 13,134,000	約 16,216,000	約 15,731,000
うち都区部	約 1,102,000	約 532,000	約 1,634,000	約 8920,000	約 12,505,000	約 12,023,000
神奈川県	約 1,616,000	約 602,000	約 2,218,000	約 9,060,000	約 7,922,000	約 8,002,000
山梨県	約 335,000	約 142,000	約 477,000	約 863,000	約 852,000	約 849,000
静岡県	約 1,144,000	約 558,000	約 1,702,000	約 3,764,000	約 3,738,000	約 3,721,000
合計	約 10,553,000	約 3,944,000	約 14,497,000	約 47,219,000	約 46,878,000	約 46,643,000

※建物棟数：平成 23 年 1 月 1 日現在の「固定資産の価格等の概要調書」（総務省）に基づく。

※人口：平成 22 年国勢調査及び平成 20 年東京都市圏パーソントリップ調査に基づく推定値

（出所）内閣府(2013)

（2）建物等被害
①全体

表 1.7　都心南部直下地震における建物等の被害

項目		冬・深夜	夏・昼	冬・夕
揺れによる全壊		約 175,000 棟		
液状化による全壊		約 22,000 棟		
急傾斜地崩壊による全壊		約 1,100 棟		
地震火災による焼失	風速3m/s	約 49,000 棟	約 38,000 棟	約 268,000 棟
	風速8m/s	約 90,000 棟	約 75,000 棟	約 412,000 棟
全壊及び焼失棟数合計	風速3m/s	約 247,000 棟	約 236,000 棟	約 465,000 棟
	風速8m/s	約 287,000 棟	約 272,000 棟	約 610,000 棟
ブロック塀等転倒数		約 80,000 件		
自動販売機転倒数		約 15,000 件		
屋外落下物が発生する建物数		約 22,000 棟		

全壊の定義：(以降、同じ)

　　住家がその居住のための基本的機能を喪失したもの、すなわち、住家全部が倒壊、流失、埋没、焼失したもの、または住家の損壊が甚だしく、補修により元通りに再使用することが困難なもの。なお、建物の構造的な倒壊・崩壊はこの全壊に含まれる。

　　なお、液状化の場合、外観目視判定により一見して住家全部あるいは一部の階が倒壊している等の場合、あるいは傾斜が 1/20 以上の場合、あるいは住家の床上1mまで地盤面下に潜り込んでいる場合が全壊に相当する。液状化による建物全壊等によって人的被害は発生した事例は少ない。

（出所）内閣府(2013)

②都県別の全壊・焼失棟数

表 1.8　都心南部直下地震における都県別の全壊・焼失棟数（冬深夜）

全壊・焼失棟数（冬深夜、風速３m／s）　～都心南部直下地震～

（棟）

	揺れ	液状化	急傾斜地崩壊	火災	合計
茨城県	約 60	約 1,200	-	約 10	約 1,300
栃木県	-	約 80	-	-	約 80
群馬県	-	約 80	-	-	約 80
埼玉県	約 21,000	約 4,900	約 20	約 3,800	約 30,000
千葉県	約 11,000	約 5,600	約 80	約 800	約 17,000
東京都	約 105,000	約 7,000	約 300	約 42,000	約 154,000
うち都区部	約 97,000	約 6,800	約 200	約 41,000	約 146,000
神奈川県	約 37,000	約 2,800	約 700	約 3,100	約 44,000
山梨県	-	-	-	-	-
静岡県	-	-	-	-	-
合計	約 175,000	約 22,000	約 1,100	約 49,000	約 247,000

－：わずか
（注）今回の被害想定は、マクロの被害を把握する目的で実施しており、都県別の数値はある程度幅をもって見る必要がある。また、四捨五入の関係で合計が合わない場合がある。

全壊・焼失棟数（冬深夜、風速８m／s）　～都心南部直下地震～

（棟）

	揺れ	液状化	急傾斜地崩壊	火災	合計
茨城県	約 60	約 1,200	-	約 10	約 1,300
栃木県	-	約 80	-	-	約 80
群馬県	-	約 80	-	-	約 80
埼玉県	約 21,000	約 4,900	約 20	約 7,700	約 34,000
千葉県	約 11,000	約 5,600	約 80	約 2,000	約 19,000
東京都	約 105,000	約 7,000	約 300	約 69,000	約 182,000
うち都区部	約 97,000	約 6,800	約 200	約 68,000	約 173,000
神奈川県	約 37,000	約 2,800	約 700	約 11,000	約 52,000
山梨県	-	-	-	-	-
静岡県	-	-	-	-	-
合計	約 175,000	約 22,000	約 1,100	約 90,000	約 287,000

－：わずか
（注）今回の被害想定は、マクロの被害を把握する目的で実施しており、都県別の数値はある程度幅をもって見る必要がある。また、四捨五入の関係で合計が合わない場合がある。

（出所）内閣府(2013)

表 1.9　都心南部直下地震における都県別の全壊・焼失棟数（夏昼）

全壊・焼失棟数（夏昼、風速３ｍ／ｓ）　〜都心南部直下地震〜

(棟)

	揺れ	液状化	急傾斜地崩壊	火災	合計
茨城県	約 60	約 1,200	－	－	約 1,300
栃木県	－	約 80	－	－	約 80
群馬県	－	約 80	－	－	約 80
埼玉県	約 21,000	約 4,900	約 20	約 2,000	約 28,000
千葉県	約 11,000	約 5,600	約 80	約 800	約 17,000
東京都	約 105,000	約 7,000	約 300	約 33,000	約 145,000
うち都区部	約 97,000	約 6,800	約 200	約 33,000	約 137,000
神奈川県	約 37,000	約 2,800	約 700	約 2,600	約 43,000
山梨県	－	－	－	－	－
静岡県	－	－	－	－	－
合計	約 175,000	約 22,000	約 1,100	約 38,000	約 236,000

－：わずか

（注）今回の被害想定は、マクロの被害を把握する目的で実施しており、都県別の数値はある程度幅をもって見る必要がある。また、四捨五入の関係で合計が合わない場合がある。

全壊・焼失棟数（夏昼、風速８ｍ／ｓ）　〜都心南部直下地震〜

(棟)

	揺れ	液状化	急傾斜地崩壊	火災	合計
茨城県	約 60	約 1,200	－	－	約 1,300
栃木県	－	約 80	－	－	約 80
群馬県	－	約 80	－	－	約 80
埼玉県	約 21,000	約 4,900	約 20	約 5,800	約 32,000
千葉県	約 11,000	約 5,600	約 80	約 1,200	約 18,000
東京都	約 105,000	約 7,000	約 300	約 58,000	約 171,000
うち都区部	約 97,000	約 6,800	約 200	約 58,000	約 162,000
神奈川県	約 37,000	約 2,800	約 700	約 9,500	約 50,000
山梨県	－	－	－	－	－
静岡県	－	－	－	－	－
合計	約 175,000	約 22,000	約 1,100	約 75,000	約 272,000

－：わずか

（注）今回の被害想定は、マクロの被害を把握する目的で実施しており、都県別の数値はある程度幅をもって見る必要がある。また、四捨五入の関係で合計が合わない場合がある。

（出所）内閣府(2013)

表 1.10　都心南部直下地震における都県別の全壊・焼失棟数（冬夕）

全壊・焼失棟数（冬夕、風速３ｍ／ｓ）　〜都心南部直下地震〜

（棟）

	揺れ	液状化	急傾斜地崩壊	火災	合計
茨城県	約 60	約 1,200	－	約 30	約 1,300
栃木県	－	約 80	－	約 10	約 80
群馬県	－	約 80	－	約 10	約 90
埼玉県	約 21,000	約 4,900	約 20	約 42,000	約 68,000
千葉県	約 11,000	約 5,600	約 80	約 12,000	約 29,000
東京都	約 105,000	約 7,000	約 300	約 164,000	約 276,000
うち都区部	約 97,000	約 6,800	約 200	約 150,000	約 254,000
神奈川県	約 37,000	約 2,800	約 700	約 49,000	約 90,000
山梨県	－	－	－	－	－
静岡県	－	－	－	－	－
合計	約 175,000	約 22,000	約 1,100	約 268,000	約 465,000

－：わずか

（注）今回の被害想定は、マクロの被害を把握する目的で実施しており、都県別の数値はある程度幅をもって見る必要がある。また、四捨五入の関係で合計が合わない場合がある。

全壊・焼失棟数（冬夕、風速８ｍ／ｓ）　〜都心南部直下地震〜

（棟）

	揺れ	液状化	急傾斜地崩壊	火災	合計
茨城県	約 60	約 1,200	－	約 30	約 1,300
栃木県	－	約 80	－	約 10	約 80
群馬県	－	約 80	－	約 10	約 90
埼玉県	約 21,000	約 4,900	約 20	約 71,000	約 97,000
千葉県	約 11,000	約 5,600	約 80	約 25,000	約 42,000
東京都	約 105,000	約 7,000	約 300	約 221,000	約 333,000
うち都区部	約 97,000	約 6,800	約 200	約 195,000	約 299,000
神奈川県	約 37,000	約 2,800	約 700	約 95,000	約 136,000
山梨県	－	－	－	－	－
静岡県	－	－	－	－	－
合計	約 175,000	約 22,000	約 1,100	約 412,000	約 610,000

－：わずか

（注）今回の被害想定は、マクロの被害を把握する目的で実施しており、都県別の数値はある程度幅をもって見る必要がある。また、四捨五入の関係で合計が合わない場合がある。

（出所）内閣府(2013)

③250 メッシュ別の全壊・焼失棟数

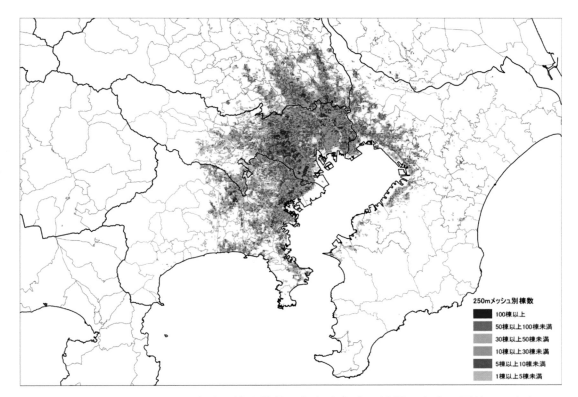

図 1.11　250 メッシュ別の全壊・焼失棟数（都心南部直下地震、冬夕、風速 8m/s）

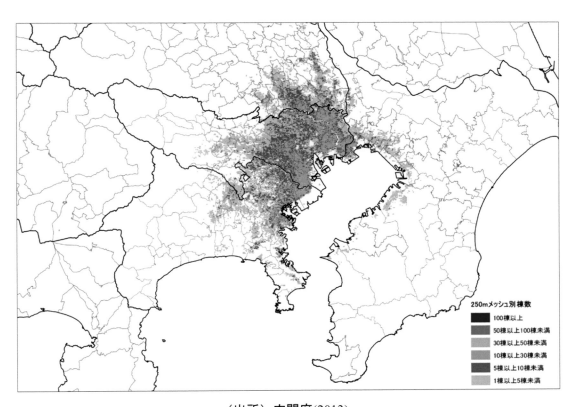

（出所）内閣府(2013)

図 1.12　250 メッシュ別の揺れによる全壊棟数（都心南部直下地震）

19

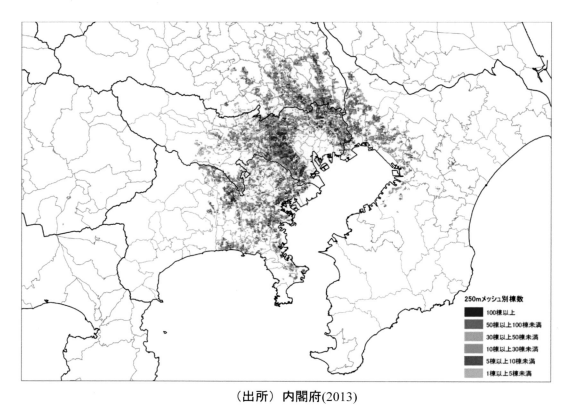

250mメッシュ別棟数

■ 100棟以上
■ 50棟以上100棟未満
■ 30棟以上50棟未満
■ 10棟以上30棟未満
■ 5棟以上10棟未満
■ 1棟以上5棟未満

（出所）内閣府(2013)

図 1.13　250 メッシュ別の焼失棟数（都心南部直下地震、冬夕、風速 8m/s）

（３）人的被害

①全体

表 1.11　都心南部直下地震における人的被害

項目		冬・深夜	夏・昼	冬・夕
建物倒壊等による死者 （うち屋内収容物移動・転倒、屋内落下物）		約 11,000 人 （約 1,100 人）	約 4,400 人 （約 500 人）	約 6,400 人 （約 600 人）
急傾斜地崩壊による死者		約 100 人	約 30 人	約 60 人
地震火災による死者	風速3m/s	約 2,100 人 ～約 3,800 人	約 500 人 ～約 900 人	約 5,700 人 ～約 10,000 人
	風速8m/s	約 3,800 人 ～約 7,000 人	約 900 人 ～約 1,700 人	約 8,900 人 ～約 16,000 人
ブロック塀・自動販売機の転倒、屋外落下物による死者		約 10 人	約 200 人	約 500 人
死者数合計	風速3m/s	約 13,000 人 ～約 15,000 人	約 5,000 人 ～約 5,400 人	約 13,000 人 ～約 17,000 人
	風速8m/s	約 15,000 人 ～約 18,000 人	約 5,500 人 ～約 6,200 人	約 16,000 人 ～約 23,000 人
負傷者数		約 109,000 人 ～約 113,000 人	約 87,000 人 ～約 90,000 人	約 112,000 人～ 約 123,000 人
揺れによる建物被害に伴う要救助者 （自力脱出困難者）		約 72,000 人	約 54,000 人	約 58,000 人

（出所）内閣府(2013)

②都県別の死者数

表 1.12　都心南部直下地震における都県別の死者数（冬深夜）

死者数（冬深夜）　～都心南部直下地震～　　　　　　　　　　　　　　　　　　　　　（人）

	建物倒壊等	（うち屋内収容物移動・転倒、屋内落下物）	急傾斜地崩壊	火災 風速3m/s	火災 風速8m/s	ブロック塀・自動販売機の転倒、屋外落下物	合計 風速3m/s	合計 風速8m/s
茨城県	－	－	－	－	－	－	－	－
栃木県	－	－	－	－	－	－	－	－
群馬県	－	－	－	－	－	－	－	－
埼玉県	約 1,300	約 200	－	約200 ～約300	約300 ～約600	－	約1,500 ～約1,600	約1,700 ～約1,900
千葉県	約 700	約 100	約 10	約40 ～約70	約90 ～約200	－	約700 ～約800	約800 ～約900
東京都	約 6,800	約 600	約 30	約1,800 ～約3,300	約2,900 ～約5,400	約 10	約8,600 ～約10,000	約9,800 ～約12,000
うち都区部	約 6,300	約 500	約 20	約1,700 ～約3,200	約2,900 ～約5,300	約 10	約8,100 ～約9,600	約9,200 ～約12,000
神奈川県	約 2,300	約 300	約 70	約100 ～約200	約500 ～約900	－	約2,500 ～約2,600	約2,900 ～約3,300
山梨県	－	－	－	－	－	－	－	－
静岡県	－	－	－	－	－	－	－	－
合計	約 11,000	約 1,100	約 100	約2,100 ～約3,800	約3,800 ～約7,000	約 10	約13,000 ～約15,000	約15,000 ～約18,000

－：わずか

（出所）内閣府(2013)

表 1.13　都心南部直下地震における都県別の死者数（夏昼）

死者数（夏昼）　～都心南部直下地震～ (人)

	建物倒壊等	(うち屋内収容物移動・転倒、屋内落下物)	急傾斜地崩壊	火災 風速3m/s	火災 風速8m/s	ブロック塀・自動販売機の転倒、屋外落下物	合計 風速3m/s	合計 風速8m/s
茨城県	－	－	－	－	－	－	－	－
栃木県	－	－	－	－	－	－	－	－
群馬県	－	－	－	－	－	－	－	－
埼玉県	約400	約60	－	約20～約40	約70～約100	約10	約500	約500～約600
千葉県	約200	約40	－	約10～約20	約10～約30	約10	約300	約300
東京都	約2,900	約300	約10	約400～約700	約700～約1,300	約100	約3,400～約3,700	約3,700～約4,300
うち都区部	約2,700	約300	約10	約400～約700	約700～約1,300	約100	約3,200～約3,500	約3,500～約4,100
神奈川県	約800	約100	約20	約30～約60	約100～約200	約50	約900	約1,000～約1,100
山梨県	－	－	－	－	－	－	－	－
静岡県	－	－	－	－	－	－	－	－
合計	約4,400	約500	約30	約500～約900	約900～約1,700	約200	約5,000～約5,400	約5,500～約6,200

－：わずか

（注）今回の被害想定は、マクロの被害を把握する目的で実施しており、都県別の数値はある程度幅をもって見る必要がある。また、四捨五入の関係で合計が合わない場合がある。

表 1.14　都心南部直下地震における都県別の死者数（冬夕）

死者数（冬夕）　～都心南部直下地震～ (人)

	建物倒壊等	(うち屋内収容物移動・転倒、屋内落下物)	急傾斜地崩壊	火災 風速3m/s	火災 風速8m/s	ブロック塀・自動販売機の転倒、屋外落下物	合計 風速3m/s	合計 風速8m/s
茨城県	－	－	－	－	－	－	－	－
栃木県	－	－	－	－	－	－	－	－
群馬県	－	－	－	－	－	－	－	－
埼玉県	約700	約90	－	約900～約1,700	約1,600～約3,000	約20	約1,700～約2,500	約2,400～約3,800
千葉県	約400	約50	－	約300～約1,000	約500～約1,000	約20	約600～約900	約900～約1,400
東京都	約4,000	約400	約20	約3,300～約6,200	約4,500～約8,400	約300	約7,700～約11,000	約8,900～約13,000
うち都区部	約3,700	約300	約10	約3,000～約5,600	約4,000～約7,400	約300	約7,000～約9,600	約8,000～約11,000
神奈川県	約1,300	約100	約40	約1,100～約2,100	約2,100～約4,000	約100	約2,500～約3,500	約3,600～約5,400
山梨県	－	－	－	－	－	－	－	－
静岡県	－	－	－	－	－	－	－	－
合計	約6,400	約600	約60	約5,700～約10,000	約8,900～約16,000	約500	約13,000～約17,000	約16,000～約23,000

－：わずか

（注）今回の被害想定は、マクロの被害を把握する目的で実施しており、都県別の数値はある程度幅をもって見る必要がある。また、四捨五入の関係で合計が合わない場合がある。

（出所）内閣府(2013)

1-3 東京都の被害想定

1-3-1 南海トラフ巨大地震等による東京の被害想定

　ここでは、「南海トラフ巨大地震等による東京の被害想定（平成 25 年 5 月）」東京都より、南海トラフ巨大地震等による東京の被害想定について整理した。

（1）被害想定の前提
　南海トラフ巨大地震の地震動分布についてみると、区部・多摩の東側ケースによる震度分布は、震度 5 弱が主体となっている。
　また、区部の東部並びに羽村市、昭島市、日野市、八王子市及び町田市などでは、震度 5 強となっている。
　なお、震度 6 弱が想定される範囲はごく一部に留まる。

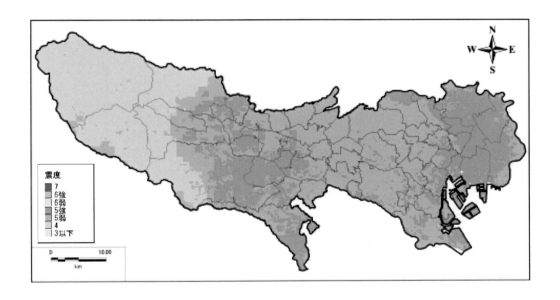

（出所）東京都(2013)

図 1.14　南海トラフ巨大地震（M9.0）東側ケースの震度分布図

東側ケースの震度分布に、距離減衰式による経験的手法の震度を重ねた分布は、全般的に大きく震度 5 強が主体となる。震度 5 弱の地域は、区部西部並びに青梅市、日の出町、あきる野市及び八王子市の西部である。

　東側ケース＋経験的手法のケースで、震度 6 弱が想定される範囲は、東側ケースのみの場合より増えるものの、やはりごく一部に留まる。

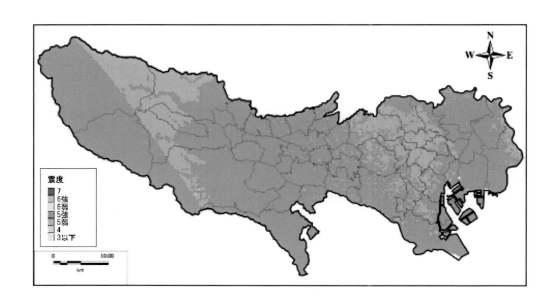

（出所）東京都(2013)

図 1.15　南海トラフ巨大地震（M9.0）東側ケース＋経験的手法の震度分布図

（2）被害想定

　区部・多摩における、南海トラフ巨大地震が発生した場合の短周期地震動による建物被害・人的被害等は、最大震度がごく一部の地域で6弱となるものの、ほとんどの地域で5強以下となることから首都直下地震等と比較して極めて限定的なものになると想定されている。

　「南海トラフ巨大地震等による東京の被害想定（平成25年5月）」では、建物被害・人的被害等の様相について、定性的に記述されている。

　以下、抜粋して記載する。

1）建物被害

①揺れ・液状化・急傾斜地崩壊・津波等による建物被害

・南海トラフ巨大地震が発生した場合、区部・多摩のほとんどの地域で震度5強以下であり、津波浸水域もごく一部であることから、揺れ・液状化・急傾斜地崩壊・津波等による建物倒壊は限定的であり、首都直下地震等の想定結果を大きく下回ると想定されている。

②火災による建物被害

・区部・多摩における南海トラフ巨大地震が発生した場合の出火件数は限定的であり、首都直下地震等の想定結果を大きく下回ると想定されている。
・出火場所が木造住宅密集地域等である場合は、延焼して多くの建物が焼失する可能性がある。

2）人的被害

・死傷を伴う人的被害は、南海トラフ巨大地震が発生した場合、区部・多摩のほとんどの地域で震度5強以下であり、津波浸水域もごく一部であることから、死傷を伴う人的被害は限定的であり、首都直下地震等の想定結果を大きく下回ると想定されている。ただし、堤外地等の津波浸水域に滞留者がいた場合には、被害が生じる可能性があるとされている。

1-3-2　首都直下地震等による東京の被害想定

　ここでは、「首都直下地震等による東京の被害想定（平成24年4月）」東京都より、首都直下地震等による東京の被害想定について整理した。

（1）被害想定の前提
①地震動
　地震動は、東京湾北部地震、多摩直下地震、立川断層帯地震、元禄型関東地震の4つのケースを用いている。震度分布は次図の通りである。

②季節、気象条件等
　家屋被害等は火災の状況で異なることから、被害量の幅をとらえるため、発災季節・時間帯及び風速は次のように設定されている。
　　（発災季節・時間帯）
　　　・冬朝5時　　・冬昼12時　　・冬夕方18時
　　（風速）
　　　・4m/s　　・8m/s

■東京湾北部地震

中央防災会議の「首都直下地震対策専門調査会」では、東京湾北部地震は、①ある程度の切迫性が高いと考えられる地震であること、②都心部のゆれが強いこと、③強いゆれの分布が広域的に広がっていることから首都直下地震対策を検討していく上で中心となる地震として位置づけている。

地震動分布をみると、区部を中心に震度6強の地域が広がっており、面積が約444km²となっている。

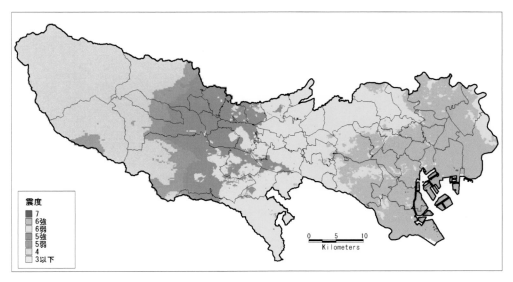

（出所）東京都(2012b)

図 1.16　東京湾北部地震（M7.3）の地震動分布

■多摩直下地震

多摩地域における被害を想定して、「首都直下地震等による東京の被害想定」では、多摩直下地震を設定している。

地震動分布をみると、震度7の地域も若干みられ、震度6強の面積が約459km²となっている。

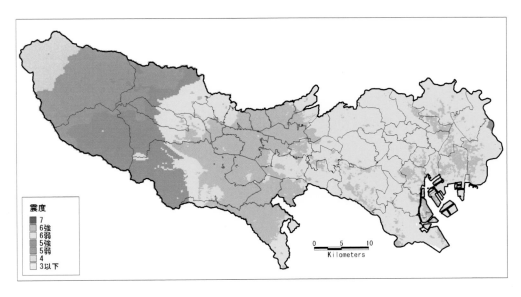

（出所）東京都(2012b)

図 1.17　多摩直下地震（M7.3）の地震動分布

■立川断層帯地震

　立川断層帯地震は、東日本大震災による地殻変動により地震発生確率が高くなっている可能性があると国が公表しており、発生すると多摩地域を中心に東京に大きな影響をおよぼすおそれがある。

　地震動分布をみると、立川市を中心に震度 7 も予測されており、震度 7 の面積は約 24km²、震度 6 強の面積は約 318km² である。

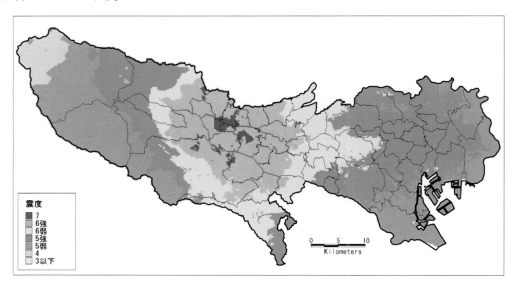

（出所）東京都(2012b)

図 1.18　立川断層帯地震（M7.4）の地震動分布

■元禄型関東地震

　元禄型関東地震は、過去に、都内に最も大きな津波をもたらしたとされているマグニチュード 8 クラスの海溝型地震である。地震調査研究推進本部では海岸地形の調査研究から、平均発生間隔が 2,300 年程度と推定され、今後 30 年以内に同様の地震が発生する確率はほぼ 0% とされている。

　地震動分布をみると、品川区、大田区及び町田市等で震度 6 強となっている。震度 6 強の面積は約 364km² である。

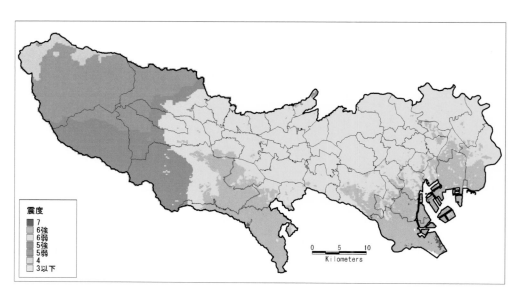

（出所）東京都(2012b)

図 1.19　元禄型関東地震（M8.2）の地震動分布

（２）被害想定

①全体

表 1.15　東京湾北部地震（M7.3）の主な被害

条件	時期及び時刻		冬 の 朝5時		冬 の 昼12時		冬 の 夕 方18 時	
	風　　　速		4m／秒	8m／秒	4m／秒	8m／秒	4m／秒	8m／秒
人的被害	死　者		7,613 人	7,649 人	6,228 人	6,296 人	9,413 人	9,641 人
	原因別	ゆ れ に よ る 建 物 全 壊	6,927 人	6,927 人	4,972 人	4,972 人	5,378 人	5,378 人
		急傾斜地崩壊による 建 物 全 壊	76 人	76 人	79 人	79 人	76 人	76 人
		地 震 火 災	504 人	540 人	1,071 人	1,138 人	3,853 人	4,081 人
		ブ ロ ッ ク 塀	103 人	103 人	103 人	103 人	103 人	103 人
		落 　下 　物	4 人	4 人	4 人	4 人	4 人	4 人
	負傷者		138,657 人	138,804 人	134,562 人	134,854 人	146,596 人	147,611 人
	（重傷者）		18,032 人	18,073 人	18,186 人	18,267 人	21,609 人	21,893 人
	原因別	ゆ れ に よ る 建 物 全 壊	133,140 人	133,140 人	126,530 人	126,530 人	125,964 人	125,964 人
		急傾斜地崩壊による 建 物 全 壊	95 人	95 人	99 人	99 人	94 人	94 人
		地 震 火 災	1,578 人	1,725 人	4,089 人	4,381 人	16,694 人	17,709 人
		ブ ロ ッ ク 塀	3,543 人	3,543 人	3,543 人	3,543 人	3,543 人	3,543 人
		落 　下 　物	301 人	301 人	301 人	301 人	301 人	301 人
物的被害	建物被害※2		134,974 棟	136,297 棟	163,604 棟	166,906 棟	293,153 棟	304,300 棟
	原因別	ゆれ液状化などによる 建 物 全 壊	116,224 棟	116,224 棟	116,224 棟	116,224 棟	116,224 棟	116,224 棟
		地 震 火 災	19,842 棟	21,240 棟	50,904 棟	54,417 棟	189,406 棟	201,249 棟
	交通	道 　　　　路	6.8 %	6.8 %	6.8 %	6.8 %	6.8 %	6.8 %
		鉄 道 ※ 3	2.0 %	2.0 %	2.0 %	2.0 %	2.0 %	2.0 %
	ライフライン	電 力 施 設	11.9 %	11.9 %	12.8 %	12.9 %	17.2 %	17.6 %
		通 信 施 設	1.2 %	1.3 %	2.4 %	2.6 %	7.2 %	7.6 %
		ガ ス 施 設	26.8～74.2 %	26.8～74.2 %	26.8～74.2 %	26.8～74.2 %	26.8～74.2 %	26.8～74.2 %
		上 水 道 施 設	34.5 %	34.5 %	34.5 %	34.5 %	34.5 %	34.5 %
		下 水 道 施 設	23.0 %	23.0 %	23.0 %	23.0 %	23.0 %	23.0 %
その他	帰 宅 困 難 者				5,166,126			人
	避 　　難 　　者		2,651,297 人	2,656,898 人	2,774,238 人	2,788,191 人	3,337,937 人	3,385,489 人
	閉じ込めにつながり得るエレ ベ ー タ ー 停 止 台 数		7,005 台	7,008 台	7,089 台	7,096 台	7,447 台	7,473 台
	災害要援護者死者数		3,638 人	3,654 人	2,894 人	2,934 人	4,786 人	4,921 人
	自 力 脱 出 困 難 者		60,844 人	60,844 人	56,531 人	56,531 人	56,666 人	56,666 人
	震 災 廃 棄 物		3,878 万t	3,882 万t	3,949 万t	3,957 万t	4,263 万t	4,289 万t

※1　小数点以下の四捨五入により合計は合わないことがある
※2　ゆれ液状化等による建物全壊と地震火災の重複を除去しているため、原因別の被害の合算値とは一致しない
※3　新幹線の被害を除く

（出所）東京都(2012b)

表 1.16　多摩直下地震（M7.3）の主な被害

条件	時期及び時刻		冬 の 朝5時		冬 の 昼12時		冬 の 夕 方18 時		
	風　　　速		4m／秒	8m／秒	4m／秒	8m／秒	4m／秒	8m／秒	
人的被害	死　者		5,089 人	5,115 人	3,516 人	3,546 人	4,658 人	4,732 人	
	原因別	ゆ れ に よ る 建 物 全 壊	4,489 人	4,489 人	2,840 人	2,840 人	3,220 人	3,220 人	
		急傾斜地崩壊による 建 物 全 壊	123 人	123 人	111 人	111 人	109 人	109 人	
		地 震 火 災	378 人	403 人	465 人	496 人	1,229 人	1,302 人	
		ブ ロ ッ ク 塀	97 人	97 人	97 人	97 人	97 人	97 人	
		落　　下　　物	2 人	2 人	2 人	2 人	2 人	2 人	
	負傷者		114,600 人	114,658 人	94,701 人	94,799 人	100,983 人	101,102 人	
	（重傷者）		11,302 人	11,319 人	9,696 人	9,724 人	10,871 人	10,902 人	
	原因別	ゆ れ に よ る 建 物 全 壊	110,119 人	110,119 人	89,859 人	89,859 人	92,831 人	92,831 人	
		急傾斜地崩壊による 建 物 全 壊	154 人	154 人	139 人	139 人	137 人	137 人	
		地 震 火 災	805 人	864 人	1,182 人	1,280 人	4,494 人	4,614 人	
		ブ ロ ッ ク 塀	3,349 人	3,349 人	3,349 人	3,349 人	3,349 人	3,349 人	
		落　　下　　物	172 人	172 人	172 人	172 人	172 人	172 人	
物的被害	建物被害※2		89,976 棟	90,947 棟	98,230 棟	99,788 棟	135,118 棟	139,436 棟	
	原因別	ゆれ液状化などによる 建 物 全 壊	75,668 棟	75,668 棟	75,668 棟	75,668 棟	75,668 棟	75,668 棟	
		地 震 火 災	14,711 棟	15,707 棟	23,211 棟	24,811 棟	61,323 棟	65,770 棟	
	交通	道　　　　　路	2.3 %	2.3 %	2.3 %	2.3 %	2.3 %	2.3 %	
		鉄　道　※　3	0.8 %	0.8 %	0.8 %	0.8 %	0.8 %	0.8 %	
	ライフライン	電 力 施 設	7.3 %	7.3 %	7.6 %	7.6 %	8.7 %	8.8 %	
		通 信 施 設	0.7 %	0.7 %	0.9 %	1.0 %	1.9 %	2.0 %	
		ガ ス 施 設	6.5〜84.6 %	6.5〜84.6 %	6.5〜84.6 %	6.5〜84.6 %	6.5〜84.6 %	6.5〜84.6 %	
		上 水 道 施 設	36.9 %	36.9 %	36.9 %	36.9 %	36.9 %	36.9 %	
		下 水 道 施 設	23.2 %	23.2 %	23.2 %	23.2 %	23.2 %	23.2 %	
その他	帰 宅 困 難 者		5,166,126						人
	避　　難　　者		2,556,330 人	2,560,236 人	2,589,796 人	2,596,041 人	2,739,518 人	2,756,681 人	
	閉じ込めにつながり得るエレベーター停止台数		5,047 台	5,048 台	5,063 台	5,066 台	5,123 台	5,130 台	
	災害要援護者死者数		2,343 人	2,354 人	1,825 人	1,842 人	2,505 人	2,549 人	
	自 力 脱 出 困 難 者		36,761 人	36,761 人	29,523 人	29,523 人	30,626 人	30,626 人	
	震 災 廃 棄 物		3,005 万t	3,007 万t	3,024 万t	3,028 万t	3,111 万t	3,121 万t	

※1　小数点以下の四捨五入により合計は合わないことがある
※2　ゆれ液状化等による建物全壊と地震火災の重複を除去しているため、原因別の被害の合算値とは一致しない
※3　新幹線の被害を除く

（出所）東京都(2012b)

表 1.17　立川断層帯地震（M7.4）の主な被害

条件	時期及び時刻		冬 の 朝5時		冬 の 昼12時		冬 の 夕方18時	
	風速		4m／秒	8m／秒	4m／秒	8m／秒	4m／秒	8m／秒
人的被害	死者		2,427 人	2,442 人	1,658 人	1,681 人	2,512 人	2,582 人
	原因別	ゆれによる建物全壊	2,083 人	2,083 人	1,193 人	1,193 人	1,417 人	1,417 人
		急傾斜地崩壊による建物全壊	83 人	83 人	64 人	64 人	66 人	66 人
		地震火災	219 人	233 人	358 人	381 人	986 人	1,056 人
		ブロック塀	42 人	42 人	42 人	42 人	42 人	42 人
		落下物	1 人	1 人	1 人	1 人	1 人	1 人
	負傷者		36,966 人	36,987 人	27,168 人	27,243 人	31,399 人	31,690 人
	（重傷者）		4,731 人	4,737 人	3,630 人	3,651 人	4,586 人	4,668 人
	原因別	ゆれによる建物全壊	34,965 人	34,965 人	24,645 人	24,645 人	26,183 人	26,183 人
		急傾斜地崩壊による建物全壊	103 人	103 人	80 人	80 人	82 人	82 人
		地震火災	396 人	417 人	941 人	1,016 人	3,631 人	3,922 人
		ブロック塀	1,453 人	1,453 人	1,453 人	1,453 人	1,453 人	1,453 人
		落下物	49 人	49 人	49 人	49 人	49 人	49 人
物的被害	建物被害※2		43,575 棟	44,127 棟	52,368 棟	53,482 棟	82,342 棟	85,735 棟
	原因別	ゆれ液状化などによる建物全壊	35,407 棟	35,407 棟	35,407 棟	35,407 棟	35,407 棟	35,407 棟
		地震火災	8,565 棟	9,147 棟	17,907 棟	19,089 棟	49,689 棟	53,302 棟
	交通	道路	1.0 %	1.0 %	1.0 %	1.0 %	1.0 %	1.0 %
		鉄道※3	0.3 %	0.3 %	0.3 %	0.3 %	0.3 %	0.3 %
	ライフライン	電力施設	2.8 %	2.8 %	3.1 %	3.1 %	3.9 %	4.0 %
		通信施設	0.3 %	0.3 %	0.5 %	0.5 %	1.3 %	1.4 %
		ガス施設	0.8～11.3 %	0.8～11.3 %	0.8～11.3 %	0.8～11.3 %	0.8～11.3 %	0.8～11.3 %
		上水道施設	13.3 %	13.3 %	13.3 %	13.3 %	13.3 %	13.3 %
		下水道施設	18.8 %	18.8 %	18.8 %	18.8 %	18.8 %	18.8 %
その他	帰宅困難者				5,166,126			人
	避難者		850,596 人	852,491 人	882,979 人	886,785 人	995,083 人	1,007,138 人
	閉じ込めにつながり得るエレベーター停止台数		2,253 台	2,253 台	2,264 台	2,266 台	2,304 台	2,308 台
	災害要援護者死者数		1,050 人	1,056 人	911 人	923 人	1,373 人	1,412 人
	自力脱出困難者		15,364 人	15,364 人	10,528 人	10,528 人	11,320 人	11,320 人
	震災廃棄物		1,065 万t	1,066 万t	1,086 万t	1,089 万t	1,158 万t	1,166 万t

※1　小数点以下の四捨五入により合計は合わないことがある
※2　ゆれ液状化等による建物全壊と地震火災の重複を除去しているため、原因別の被害の合算値とは一致しない
※3　新幹線の被害を除く

（出所）東京都(2012b)

表 1.18　元禄型関東地震（M8.2）の主な被害

条件	時期及び時刻		冬 の 朝5時		冬 の 昼12時		冬 の 夕 方18時		
	風　　速		4m／秒	8m／秒	4m／秒	8m／秒	4m／秒	8m／秒	
人的被害	死　者		5,099 人	5,125 人	3,694 人	3,736 人	5,732 人	5,875 人	
	原因別	ゆれによる建物全壊	4,552 人	4,552 人	2,955 人	2,955 人	3,330 人	3,330 人	
		急傾斜地崩壊による建物全壊	113 人	113 人	103 人	103 人	101 人	101 人	
		地震火災	345 人	371 人	547 人	589 人	2,212 人	2,355 人	
		津波浸水 ※4（水門開放時）	0 人	0 人	0 人	0 人	0 人	0 人	
		ブロック塀	87 人	87 人	87 人	87 人	87 人	87 人	
		落下物	2 人	2 人	2 人	2 人	2 人	2 人	
	負傷者		113,420 人	113,511 人	98,036 人	98,198 人	107,723 人	108,341 人	
	（重傷者）		11,664 人	11,690 人	10,511 人	10,556 人	12,774 人	12,946 人	
	原因別	ゆれによる建物全壊	109,307 人	109,307 人	92,898 人	92,898 人	95,256 人	95,256 人	
		急傾斜地崩壊による建物全壊	141 人	141 人	129 人	129 人	127 人	127 人	
		地震火災	824 人	914 人	1,862 人	2,023 人	9,192 人	9,811 人	
		ブロック塀	2,988 人	2,988 人	2,988 人	2,988 人	2,988 人	2,988 人	
		落下物	160 人	160 人	160 人	160 人	160 人	160 人	
物的被害	建物被害※2		89,838 棟	90,834 棟	101,835 棟	103,834 棟	177,845 棟	184,794 棟	
	原因別	ゆれ液状化などによる建物全壊	76,465 棟	76,465 棟	76,465 棟	76,465 棟	76,465 棟	76,465 棟	
		地震火災	13,697 棟	14,736 棟	26,455 棟	28,565 棟	107,194 棟	114,534 棟	
		津波浸水（水門開放時）	230 棟	230 棟	230 棟	230 棟	230 棟	230 棟	
	交通	道路	3.6 %	3.6 %	3.6 %	3.6 %	3.6 %	3.6 %	
		鉄道 ※3	1.0 %	1.0 %	1.0 %	1.0 %	1.0 %	1.0 %	
	ライフライン	電力施設	8.6 %	8.6 %	9.0 %	9.1 %	11.6 %	11.8 %	
		通信施設	2.8 %	2.8 %	3.2 %	3.2 %	5.8 %	6.1 %	
		ガス施設	3.0～53.1 %	3.0～53.1 %	3.0～53.1 %	3.0～53.1 %	3.0～53.1 %	3.0～53.1 %	
		上水道施設	45.2 %	45.2 %	45.2 %	45.2 %	45.2 %	45.2 %	
		下水道施設	22.9 %	22.9 %	22.9 %	22.9 %	22.9 %	22.9 %	
その他	帰宅困難者					5,166,126			人
	避難者		2,807,568 人	2,811,542 人	2,855,698 人	2,863,681 人	3,172,713 人	3,200,981 人	
	閉じ込めにつながり得るエレベーター停止台数		5,673 台	5,676 台	5,710 台	5,716 台	5,971 台	5,991 台	
	災害要援護者死者数		2,330 人	2,341 人	1,761 人	1,784 人	2,889 人	2,971 人	
	自力脱出困難者		38,598 人	38,598 人	32,194 人	32,194 人	33,222 人	33,222 人	
	震災廃棄物		2,892 万t	2,895 万t	2,921 万t	2,926 万t	3,104 万t	3,121 万t	

※1　小数点以下の四捨五入により合計は合わないことがある
※2　ゆれ液状化等による建物全壊と地震火災の重複を除去しているため、原因別の被害の合算値とは一致しない
※3　新幹線の被害を除く
※4　津波死者は堤外地（河川敷含む）や浸水域の地下空間にいる人口は考慮していない

（出所）東京都(2012b)

②区市町村別被害想定

表 1.19　東京湾北部地震（冬 18 時・風速 8m/s）※被害想定が最大のもの

	夜間人口(人)	昼間人口(人)	面積(km²)	震度別面積率(%) 5弱以下	5強	6弱	6強	7	建物棟数 木造	非木造	原因別建物全壊棟数 計	ゆれ	液状化	急傾斜地崩壊	ゆれ 建物全壊棟数 木造	非木造	ゆれ 建物全壊率(%) 木造	非木造	急傾斜地崩壊危険箇所	出火件数	火災 焼失棟数 倒壊建物を 含む	含まない
千代田区	47,115	853,382	11.6	0.0	0.0	3.2	96.8	0.0	3,629	15,380	835	824	4	7	461	362	12.7	2.4	17	14	2	2
中央区	122,762	647,733	10.2	0.0	0.0	7.1	92.9	0.0	6,210	12,760	1,942	1,926	15	0	1,444	482	23.3	3.8	0	23	101	91
港区	205,131	908,940	20.3	0.0	0.0	6.9	93.1	0.1	13,050	21,979	2,150	2,035	8	106	1,472	564	11.3	2.6	118	34	276	260
新宿区	326,309	770,094	18.2	0.0	0.0	19.5	80.5	0.0	36,731	29,507	3,683	3,600	5	78	2,986	614	8.1	2.1	46	37	2,179	2,060
文京区	206,626	336,229	11.3	0.0	0.0	11.9	88.1	0.0	27,454	19,692	3,602	3,543	5	54	3,141	402	11.4	2.0	48	22	2,443	2,259
台東区	175,928	303,522	10.1	0.0	0.0	2.1	97.9	0.0	22,814	22,088	6,687	6,649	31	7	5,860	789	25.7	3.6	4	27	2,730	2,326
墨田区	247,606	262,514	13.8	0.0	0.0	0.1	99.9	0.0	34,427	23,443	9,902	9,826	76	0	8,722	1,104	25.3	4.7	0	32	9,341	7,755
江東区	460,819	490,708	39.5	0.0	0.0	0.1	99.3	0.5	27,895	24,091	8,010	7,926	84	0	6,731	1,195	24.1	5.0	0	44	3,536	2,997
品川区	365,302	505,034	22.7	0.0	0.0	3.1	95.9	0.9	51,286	25,015	5,281	5,214	9	57	4,689	525	9.1	2.1	43	40	21,569	20,095
目黒区	268,330	271,320	14.7	0.0	0.0	12.8	87.2	0.0	40,796	23,689	2,538	2,510	6	23	2,119	391	5.2	1.6	20	27	11,232	10,795
大田区	693,373	657,209	59.5	0.0	0.0	5.5	93.1	1.4	99,142	45,038	11,108	10,856	187	65	9,656	1,199	9.7	2.7	70	68	32,218	29,792
世田谷区	877,138	736,040	58.1	0.0	0.0	33.2	66.8	0.0	129,338	56,307	6,074	6,020	7	48	5,247	772	4.1	1.4	57	62	22,455	21,727
渋谷区	204,492	542,803	15.1	0.0	0.0	6.6	93.4	0.0	19,674	19,101	2,592	2,574	4	15	2,111	463	10.7	2.4	12	29	3,398	3,172
中野区	314,750	285,636	15.6	0.0	0.0	47.5	52.5	0.0	51,464	20,821	2,241	2,215	3	23	1,977	238	3.8	1.1	14	24	7,222	7,000
杉並区	549,569	439,379	34.0	0.0	0.0	47.3	52.7	0.0	92,388	30,825	3,692	3,687	3	2	3,300	388	3.6	1.3	2	37	23,028	22,339
豊島区	284,678	378,475	13.0	0.0	0.0	88.4	11.6	0.0	37,098	19,923	1,679	1,672	3	4	1,506	166	4.1	0.8	12	8	1,355	1,315
北区	335,544	307,317	20.6	0.0	0.0	74.3	25.7	0.0	50,151	22,372	2,792	2,658	29	104	2,465	193	4.9	0.9	58	14	643	620
荒川区	203,296	184,021	10.2	0.0	0.0	7.0	93.0	0.0	26,888	11,633	7,217	7,180	32	4	6,731	449	25.0	3.9	5	23	5,521	4,492
板橋区	535,824	456,425	32.2	0.0	0.1	84.3	15.6	0.0	65,083	29,528	1,656	1,601	11	44	1,424	176	2.2	0.6	54	13	760	747
練馬区	716,124	530,628	48.2	0.0	0.0	99.9	0.1	0.0	114,320	32,078	1,946	1,935	7	3	1,792	143	1.6	0.4	12	12	3,106	3,065
足立区	683,426	539,309	53.2	0.0	0.0	9.3	90.7	0.0	104,482	38,845	10,082	9,933	149	0	9,235	698	8.8	1.8	0	66	16,124	15,007
葛飾区	442,586	343,039	34.8	0.0	0.0	23.8	76.2	0.0	78,991	27,793	7,446	7,230	216	0	6,649	581	8.4	2.1	0	43	11,114	10,362
江戸川区	678,967	534,942	49.9	0.0	0.0	23.1	76.8	0.1	87,962	33,956	8,744	8,529	215	0	7,653	876	8.7	2.6	0	55	14,956	13,910
区部計	8,945,695	11,284,699	616.7	0.0	0.0	30.0	69.8	0.2	1,221,273	605,864	111,898	110,145	1,109	644	97,374	12,771	8.0	2.1	592	754	195,309	182,188
八王子市	580,053	549,417	186.3	49.9	35.4	14.7	0.0	0.0	118,849	35,966	174	124	3	47	112	12	0.1	0.0	509	5	249	249
立川市	179,668	193,465	24.4	0.0	60.9	39.1	0.0	0.0	35,188	11,697	23	20	0	3	14	5	0.0	0.0	16	2	55	55
武蔵野市	138,734	154,448	10.7	0.0	0.0	93.4	6.6	0.0	21,101	8,163	414	414	0	0	352	62	1.7	0.8	0	3	1,056	1,041
三鷹市	186,083	148,458	16.5	0.0	0.0	88.6	11.4	0.0	32,764	8,103	764	746	2	17	681	64	2.1	0.8	9	4	741	727
青梅市	139,339	127,176	103.3	84.3	15.7	0.0	0.0	0.0	37,782	7,607	2	0	0	2	0	0	0.0	0.0	511	0	27	27
府中市	255,506	236,133	29.3	0.0	0.0	26.6	73.4	0.0	47,162	14,711	88	79	3	6	67	13	0.1	0.1	8	3	289	288
昭島市	112,297	100,508	17.3	0.0	86.8	13.2	0.0	0.0	20,558	5,530	5	5	0	0	4	1	0.0	0.0	9	1	28	28
調布市	223,593	186,275	21.5	0.0	0.0	98.2	1.8	0.0	29,412	8,668	421	405	4	12	366	38	1.2	0.4	17	4	326	323
町田市	426,987	364,091	71.6	3.7	10.0	85.9	0.3	0.0	87,953	22,322	870	789	6	76	730	59	0.8	0.3	198	8	506	502
小金井市	118,852	95,195	11.3	0.0	0.1	99.9	0.0	0.0	22,335	5,024	224	223	0	2	209	14	0.9	0.3	4	2	270	267
小平市	187,035	160,499	20.5	0.0	3.8	96.2	0.0	0.0	42,481	9,322	99	99	0	0	87	11	0.2	0.1	0	3	287	287
日野市	180,052	154,114	27.5	0.0	50.7	49.3	0.0	0.0	33,122	9,441	107	54	2	51	47	7	0.1	0.1	72	2	32	32
東村山市	153,557	115,046	17.2	0.0	9.9	90.1	0.0	0.0	31,779	6,245	66	60	1	5	53	7	0.2	0.1	8	3	164	164
国分寺市	120,650	95,649	11.5	0.0	5.9	94.1	0.0	0.0	20,001	4,889	87	59	0	28	51	7	0.3	0.2	15	2	191	190
国立市	75,510	71,295	8.2	0.0	22.8	77.2	0.0	0.0	8,768	2,557	17	15	0	1	13	3	0.1	0.1	2	1	79	79
福生市	59,796	52,442	10.2	0.0	99.4	0.6	0.0	0.0	11,631	3,475	2	0	0	2	0	0	0.0	0.0	9	0	21	21
狛江市	78,751	57,386	6.4	0.0	0.0	100.0	0.0	0.0	10,391	2,668	157	157	0	0	147	10	1.4	0.4	0	1	601	594
東大和市	83,068	64,274	13.5	0.0	81.7	18.3	0.0	0.0	17,689	3,856	10	9	0	0	8	1	0.0	0.0	8	1	68	68
清瀬市	74,104	60,733	10.2	0.0	0.1	99.9	0.0	0.0	13,007	3,111	39	35	1	2	30	5	0.2	0.2	5	1	46	46
東久留米市	116,546	90,315	12.9	0.0	0.0	100.0	0.0	0.0	21,922	3,959	93	80	0	13	71	8	0.3	0.2	11	2	159	159
武蔵村山市	70,053	59,591	15.4	0.0	89.5	10.5	0.0	0.0	16,788	3,785	3	3	0	0	2	1	0.0	0.0	11	1	31	31
多摩市	147,648	137,622	21.1	0.0	14.9	85.1	0.0	0.0	12,107	5,304	111	79	0	31	71	8	0.6	0.2	43	2	17	17
稲城市	84,835	58,913	18.0	0.0	4.4	93.7	1.9	0.0	11,702	3,370	194	173	2	20	163	10	1.4	0.3	46	1	25	25
羽村市	57,032	55,966	9.9	0.0	100.0	0.0	0.0	0.0	8,513	3,578	1	0	0	1	0	0	0.0	0.0	12	1	43	43
あきる野市	80,868	67,814	73.3	63.6	35.7	0.7	0.0	0.0	26,124	4,269	14	1	0	14	0	0	0.0	0.0	271	0	189	189
西東京市	196,511	148,056	15.9	0.0	0.1	99.9	0.0	0.0	31,416	6,457	338	338	0	0	318	19	1.0	0.3	1	3	397	394
瑞穂町	33,497	36,088	16.8	0.0	98.8	1.2	0.0	0.0	8,480	2,652	0	0	0	0	0	0	0.0	0.0	14	0	14	14
日の出町	16,650	13,965	28.1	78.3	21.7	0.0	0.0	0.0	5,321	1,194	2	0	0	2	0	0	0.0	0.0	183	0	29	29
檜原村	2,558	2,566	105.4	100.0	0.0	0.0	0.0	0.0	1,865	307	0	0	0	0	0	0	0.0	0.0	235	0	0	0
奥多摩町	6,045	6,205	225.6	100.0	0.0	0.0	0.0	0.0	3,975	868	0	0	0	0	0	0	0.0	0.0	378	0	0	0
多摩計	4,185,878	3,663,705	1159.9	50.2	21.0	28.5	0.3	0.0	790,186	209,098	4,325	3,965	25	336	3,596	368	0.5	0.2	2,592	56	5,940	5,888
都計	13,131,573	14,948,404	1776.6	32.8	13.7	29.0	24.4	0.1	2,011,459	814,962	116,224	114,109	1,134	980	100,970	13,139	5.0	1.6	3,184	811	201,249	188,076

※小数点以下の四捨五入により、合計値は合わないことがある。
※焼失した建物と倒壊した建物の棟数は、一部被害が重複するので、焼失した建物に倒壊した建物を含む場合と含まない場合を示す。

（出所）東京都(2012b)

死者 計(人)	ゆれ・液状化建物被害	急傾斜地崩壊	火災	ブロック塀等	屋外落下物	屋内収容物(参考値)	負傷者 計(人)	ゆれ・液状化建物被害	急傾斜地崩壊	火災	ブロック塀等	屋外落下物	屋内収容物(参考値)	うち重傷者 計(人)	ゆれ・液状化建物被害	急傾斜地崩壊	火災	ブロック塀等	屋外落下物	屋内収容物(参考値)	避難者 発生数(人)	帰宅困難者 滞留者数(人)	帰宅困難者数(人)	閉じ込めにつながり得るエレベーター停止台数	災害時要援護者死者数(人)	自力脱出困難者 発生数(人)	震災廃棄物(万t)	
273	271	1	1	0	0	13	10,364	10,333	1	20	2	9	525	1,355	1,347	1	6	1	1	114	11,076	1,080,758	501,355	645	7	3,563	60	千
151	146	0	5	0	0	9	7,275	7,220	0	33	8	13	349	1,023	1,009	0	9	3	1	76	44,773	687,953	309,315	585	14	3,836	88	中
200	174	13	11	1	0	17	9,127	9,008	16	53	42	8	524	1,162	1,121	8	15	16	1	114	51,313	1,052,177	468,794	745	21	3,831	112	港
293	220	7	64	1	0	13	6,792	6,479	9	258	41	5	372	887	794	5	72	16	1	81	76,805	754,164	313,811	487	69	2,606	137	新
253	185	4	59	4	0	7	4,217	3,815	6	232	141	24	169	608	482	3	65	55	3	37	61,865	336,926	131,632	267	81	1,592	107	文
482	410	1	68	2	0	7	5,548	5,162	1	275	85	25	176	924	811	0	77	33	3	38	78,114	292,785	112,757	481	183	3,023	184	台
665	465	0	200	1	0	9	7,121	6,215	0	879	21	6	187	1,312	1,057	0	245	8	1	40	144,939	242,306	79,083	340	324	3,713	267	墨
449	365	0	82	3	0	15	10,164	9,699	0	349	94	22	342	1,654	1,517	0	98	37	2	74	233,762	509,466	178,078	440	204	6,201	275	江
779	252	5	520	1	0	12	8,016	5,642	6	2,337	28	3	270	1,376	710	3	652	11	0	59	184,510	480,501	179,084	370	289	2,459	190	品
332	96	2	230	4	0	6	3,195	2,041	2	1,016	131	6	129	576	240	1	283	51	1	28	94,335	241,932	78,206	152	153	828	117	目
1,073	424	4	642	0	0	16	10,412	7,387	5	2,908	101	11	344	1,855	1,000	3	811	39	1	75	364,824	556,136	166,426	384	604	3,868	440	大
655	215	3	411	26	1	14	7,449	4,637	4	1,857	899	52	321	1,366	489	2	518	351	6	70	242,390	601,351	168,047	269	406	1,850	257	世
253	147	2	101	4	0	10	5,006	4,444	2	417	126	17	265	690	522	1	117	49	2	58	65,234	529,282	222,342	402	48	2,179	107	渋
214	78	1	133	1	0	6	2,415	1,786	1	576	48	13	64	356	175	1	161	19	0	14	76,807	213,227	58,123	108	125	633	90	中
556	131	0	416	0	0	9	4,849	2,701	0	1,869	265	13	197	895	269	0	522	104	3	43	176,369	358,016	92,357	167	354	1,062	169	杉
121	85	0	33	3	0	4	2,778	2,556	0	101	113	8	96	279	205	0	28	44	1	21	52,485	374,171	140,005	183	48	770	65	豊
126	105	7	13	1	0	3	2,837	2,758	8	24	42	4	72	268	240	4	7	17	0	16	73,410	247,350	69,466	99	94	865	101	北
422	313	0	107	1	0	6	4,484	3,969	0	457	48	11	113	753	605	0	127	19	1	25	116,502	144,651	39,287	140	299	2,635	154	荒
81	59	3	15	4	0	6	2,657	2,467	3	32	148	7	112	226	156	2	9	58	1	24	71,832	377,648	104,123	122	56	612	82	板
145	73	0	57	15	0	6	3,265	2,521	0	225	504	15	138	415	154	0	63	197	2	30	91,229	417,116	98,294	98	101	610	86	練
712	400	0	309	3	0	14	9,033	7,523	0	1,395	104	12	287	1,294	863	0	389	40	1	62	280,862	430,379	107,115	177	528	3,228	335	足
500	288	0	209	2	0	9	5,515	4,489	0	933	85	0	191	852	558	0	260	33	1	42	200,970	292,473	70,560	113	334	2,113	288	葛
600	317	0	279	4	0	13	7,706	6,303	0	1,257	133	13	276	1,209	805	0	351	52	1	60	316,536	414,385	102,564	205	401	3,198	340	江
9,337	5,222	54	3,964	93	4	218	140,227	119,153	67	17,501	3,210	296	5,518	21,334	15,131	34	4,886	1,252	31	1,201	3,110,940	10,635,113	3,790,824	6,980	4,741	55,278	4,049	区
14	5	3	5	0	0	3	342	319	4	9	9	0	45	19	10	2	3	4	0	8	11,047	489,631	146,971	74	7	38	15	八
3	1	0	1	0	0	1	104	90	0	3	11	0	16	7	2	0	1	4	0	3	4,468	174,410	56,735	42	1	8	4	立
41	17	0	23	1	0	2	796	709	0	58	29	1	40	83	55	0	16	11	0	9	25,176	151,201	53,755	60	18	182	21	武
44	28	1	14	1	0	2	851	794	1	25	29	1	39	80	61	1	7	11	0	8	30,192	131,438	36,195	38	26	233	29	三
1	0	0	1	0	0	1	2	1	0	1	0	0	4	0	0	0	0	0	0	1	208	112,351	30,734	2	0	0	0	青
10	3	0	6	1	0	3	255	234	0	9	11	0	62	15	8	0	3	4	0	14	16,637	212,025	66,153	50	5	27	9	府
1	0	0	1	0	0	1	23	19	0	1	3	0	9	2	0	0	1	1	0	2	1,114	89,744	25,772	3	1	2	1	昭
23	16	1	6	1	0	2	704	674	1	10	19	0	48	51	41	0	3	7	0	11	29,272	162,590	46,407	44	14	174	21	調
47	32	5	10	1	0	4	1,271	1,224	6	17	23	0	95	76	59	3	5	9	0	21	31,235	319,134	86,680	73	28	227	45	町
14	9	0	5	0	0	1	337	318	0	7	11	0	23	22	16	0	2	4	0	5	12,347	80,649	22,652	6	6	64	11	小
10	4	0	6	0	0	2	259	232	0	9	17	0	42	17	8	0	2	7	0	9	9,222	137,813	38,306	10	6	28	8	小
7	2	3	1	0	0	1	167	146	4	2	15	0	13	13	5	2	1	6	0	4	6,710	135,905	38,531	22	4	18	9	日
7	2	0	3	1	0	2	188	152	0	5	30	0	33	18	5	0	2	12	0	7	9,095	99,112	23,310	6	5	18	6	東
9	2	2	4	0	0	1	196	125	2	6	62	0	27	31	4	1	2	24	0	6	8,187	86,028	23,791	21	6	21	7	国
2	1	0	2	0	0	1	59	52	0	2	4	0	17	4	2	0	1	1	0	4	3,848	61,502	18,218	2	1	8	2	国
1	0	0	0	0	0	0	6	3	0	0	2	0	4	1	0	0	0	1	0	1	652	41,779	10,596	2	0	0	0	福
17	6	0	11	0	0	1	257	233	0	13	10	0	14	20	12	0	4	4	0	3	12,457	43,071	8,872	3	12	60	8	狛
2	0	0	2	0	0	1	38	30	0	2	6	0	6	4	1	0	1	2	0	1	2,745	59,513	15,194	2	1	3	1	東
3	1	0	1	0	0	1	98	94	0	2	2	0	16	5	3	0	1	1	0	4	3,832	51,898	12,939	3	2	13	3	清
7	3	1	3	0	0	1	195	179	1	5	10	0	24	12	7	0	1	4	0	5	7,126	72,147	16,721	4	5	27	6	東
1	0	0	1	0	0	1	14	11	0	1	1	0	5	1	0	0	0	0	0	1	1,043	51,159	13,997	2	1	1	1	武
6	3	2	0	0	0	2	344	336	3	2	3	0	38	16	13	1	1	1	0	8	12,086	129,381	39,123	5	3	55	7	多
8	7	1	1	0	0	1	296	291	1	2	2	0	16	18	16	1	0	1	0	4	10,638	54,682	14,593	4	5	64	9	稲
1	0	0	0	0	0	1	19	13	0	1	0	0	5	1	0	0	0	0	0	1	882	45,720	13,497	2	0	0	0	羽
5	0	1	4	0	0	1	39	33	0	5	1	0	5	5	0	0	4	0	0	1	768	60,658	15,173	2	1	0	0	あ
21	13	0	7	1	0	2	568	535	0	10	22	0	40	38	27	0	3	9	0	9	22,862	127,759	31,227	7	17	119	16	西
0	0	0	0	0	0	0	3	3	0	0	0	0	1	0	0	0	0	0	0	0	611	33,909	10,651	2	0	0	0	瑞
0	0	0	0	0	0	0	4	3	0	0	1	0	1	0	0	0	0	0	0	0	90	15,893	4,655	0	0	0	0	日
0	0	0	0	0	0	0	0	0	0	0	0	0	0	0	0	0	0	0	0	0	0	2,688	562	0	0	0	0	檜
0	0	0	0	0	0	0	0	0	0	0	0	0	0	0	0	0	0	0	0	0	0	6,036	1,480	0	0	0	0	奥
304	156	22	117	10	0	36	7,384	6,811	27	208	333	5	693	559	356	14	58	130	0	146	274,549	3,239,826	923,490	494	179	1,388	241	多
9,641	5,378	76	4,081	103	4	254	147,611	125,964	94	17,709	3,543	301	6,211	21,893	15,487	47	4,944	1,382	32	1,347	3,385,489	13,874,939	4,714,314	7,473	4,921	56,666	4,289	都

表 1.20　多摩直下地震（冬 5 時・風速 8m/s）※被害想定が最大のもの

| | 夜間人口(人) | 昼間人口(人) | 面積(km²) | 震度別面積率(%) | | | | | 建物棟数 | | 原因別建物全壊棟数 | | | | ゆれ 建物全壊棟数 | | ゆれ 建物全壊率(%) | | 急傾斜地崩壊危険箇所 | 火災 | | |
				5弱以下	5強	6弱	6強	7	木造	非木造	計	ゆれ	液状化	急傾斜地崩壊	木造	非木造	木造	非木造		出火件数	焼失棟数 倒壊建物を含む	焼失棟数 倒壊建物を含まない
千代田区	47,115	853,382	11.6	0.0	0.0	75.7	24.3	0.0	3,629	15,380	231	222	4	5	117	105	3.2	0.7	17	2	0	0
中央区	122,762	647,733	10.2	0.0	0.0	74.0	26.0	0.0	6,210	12,760	662	649	13	0	496	153	8.0	1.2	0	3	1	1
港区	205,131	908,940	20.3	0.0	0.0	62.4	37.6	0.0	13,050	21,979	1,097	1,005	7	85	722	282	5.5	1.3	118	6	4	4
新宿区	326,309	770,094	18.2	0.0	0.0	96.0	4.0	0.0	36,731	29,507	1,290	1,225	3	63	1,019	205	2.8	0.7	46	3	31	30
文京区	206,626	336,229	11.3	0.0	0.0	99.5	0.5	0.0	27,454	19,692	649	603	4	42	521	81	1.9	0.4	48	1	23	23
台東区	175,928	303,522	10.1	0.0	0.0	75.1	24.9	0.0	22,814	22,088	2,300	2,274	20	6	2,040	234	8.9	1.1	4	4	34	32
墨田区	247,606	262,514	13.8	0.0	0.0	67.1	32.9	0.0	34,427	23,443	2,761	2,715	46	0	2,443	272	7.1	1.2	0	5	207	197
江東区	460,819	490,708	39.5	0.0	0.0	59.7	40.3	0.0	27,895	24,091	2,702	2,639	64	0	2,300	339	8.2	1.4	0	7	115	109
品川区	365,302	505,034	22.7	0.0	0.0	75.7	24.3	0.0	51,286	25,015	1,836	1,782	8	45	1,606	177	3.1	0.7	43	4	380	371
目黒区	268,330	271,320	14.7	0.0	0.0	97.9	2.1	0.0	40,796	23,689	919	894	5	19	777	117	1.9	0.5	20	2	253	249
大田区	693,373	657,209	59.5	0.0	0.0	84.8	15.2	0.0	99,142	45,038	3,063	2,882	134	47	2,585	298	2.6	0.7	70	5	635	622
世田谷区	877,138	736,040	58.1	0.0	0.0	78.4	21.6	0.0	129,338	56,307	3,573	3,524	6	44	3,107	417	2.4	0.7	57	8	936	918
渋谷区	204,492	542,803	15.1	0.0	0.0	93.3	6.7	0.0	19,874	19,101	828	815	2	10	652	163	3.3	0.9	12	2	40	39
中野区	314,750	285,636	15.6	0.0	0.0	99.6	0.4	0.0	51,464	20,821	1,080	1,068	2	10	971	98	1.9	0.5	14	2	209	206
杉並区	549,569	439,379	34.0	0.0	0.0	98.2	1.8	0.0	92,388	30,825	2,036	2,033	2	1	1,849	184	2.0	0.6	2	3	1,343	1,321
豊島区	284,678	378,475	13.0	0.0	0.0	97.5	2.5	0.0	37,098	19,923	1,214	1,209	3	3	1,091	118	2.9	0.6	12	2	273	267
北区	335,544	307,317	20.6	0.0	0.0	89.4	10.6	0.0	50,151	22,372	1,786	1,657	25	104	1,528	128	3.0	0.6	58	3	114	111
荒川区	203,296	184,021	10.2	0.0	0.0	38.4	61.6	0.0	26,888	11,633	2,746	2,717	26	4	2,551	166	9.5	1.4	5	5	201	187
板橋区	535,824	456,425	32.2	0.0	0.0	99.8	0.2	0.0	65,083	29,528	1,278	1,223	11	44	1,092	131	1.7	0.4	54	3	245	242
練馬区	716,124	530,628	48.2	0.0	0.0	98.3	1.7	0.0	114,320	32,078	2,611	2,601	7	3	2,393	208	2.1	0.6	12	4	1,139	1,119
足立区	683,426	539,309	53.2	0.0	0.0	90.7	9.3	0.0	104,482	38,845	4,397	4,274	124	0	3,952	321	3.8	0.8	0	8	1,044	1,013
葛飾区	442,586	343,039	34.8	0.0	0.0	95.1	4.8	0.0	78,991	27,793	2,500	2,368	132	0	2,185	183	2.8	0.7	0	5	484	473
江戸川区	678,967	534,942	49.9	0.0	3.9	73.3	22.8	0.0	87,962	33,956	2,633	2,508	125	0	2,283	226	2.6	0.7	0	8	578	566
区部計	8,945,695	11,284,699	616.7	0.0	0.3	84.5	15.2	0.0	1,221,273	605,864	44,194	42,887	773	534	38,280	4,607	3.1	0.8	592	94	8,288	8,101
八王子市	580,053	549,417	186.3	0.0	39.4	20.3	40.1	0.2	118,849	35,966	7,006	6,760	8	238	6,072	688	5.1	1.9	509	15	1,668	1,595
立川市	179,668	193,465	24.4	0.0	0.0	0.6	99.4	0.0	35,188	11,697	1,457	1,438	0	18	1,205	233	3.4	2.0	16	5	315	305
武蔵野市	138,734	154,448	10.7	0.0	0.0	86.5	13.5	0.0	21,101	8,163	440	440	0	0	377	62	1.8	0.8	1	1	138	136
三鷹市	186,083	148,458	16.5	0.0	0.0	84.8	15.2	0.0	32,764	8,103	846	826	2	19	751	74	2.3	0.9	9	1	209	205
青梅市	139,339	127,176	103.3	42.9	24.7	31.2	1.2	0.0	37,782	7,607	457	355	0	101	325	31	0.9	0.4	511	1	128	127
府中市	255,506	236,133	29.3	0.0	0.0	69.5	30.5	0.0	47,162	14,711	1,052	1,032	9	11	909	123	1.9	0.8	8	3	284	280
昭島市	112,297	100,508	17.3	0.0	0.0	1.1	98.1	0.8	20,558	5,530	1,216	1,210	1	5	1,065	145	5.2	2.6	9	4	280	267
調布市	223,593	186,275	21.5	0.0	0.0	86.4	13.6	0.0	29,412	8,668	673	656	4	12	589	68	2.0	0.8	17	2	107	105
町田市	426,987	364,091	71.6	0.0	1.1	32.2	66.7	0.0	87,953	22,322	3,931	3,797	7	128	3,478	319	4.0	1.4	198	10	658	636
小金井市	118,852	95,195	11.3	0.0	0.0	32.6	67.4	0.0	22,335	5,024	725	723	0	2	665	57	3.0	1.1	4	2	216	210
小平市	187,035	160,499	20.5	0.0	0.0	1.0	99.0	0.0	42,481	9,322	2,083	2,083	0	0	1,885	198	4.4	2.1	0	6	523	502
日野市	180,052	154,114	27.5	0.0	0.0	4.2	95.3	0.5	33,122	9,441	2,476	2,367	5	104	2,074	294	6.3	3.1	72	6	169	160
東村山市	153,557	115,046	17.2	0.0	0.0	4.2	95.8	0.0	31,779	6,245	1,275	1,265	2	8	1,147	118	3.6	1.9	8	5	265	256
国分寺市	120,650	95,649	11.5	0.0	0.0	5.1	94.9	0.0	20,001	4,889	1,110	1,074	0	36	976	98	4.9	2.0	15	3	234	224
国立市	75,510	71,295	8.2	0.0	0.0	24.3	75.7	0.0	8,768	2,557	375	370	0	5	325	45	3.7	1.8	2	1	157	152
福生市	59,796	52,442	10.2	0.0	0.0	13.1	86.9	0.0	11,631	3,475	429	418	0	11	369	49	3.2	1.4	2	2	165	161
狛江市	78,751	57,386	6.4	0.0	0.0	99.7	0.3	0.0	10,391	2,668	233	233	0	0	213	20	2.0	0.8	0	0	87	85
東大和市	83,068	64,274	13.5	0.0	0.0	0.2	99.8	0.0	17,689	3,856	774	760	0	14	688	73	3.9	1.9	9	3	403	389
清瀬市	74,104	60,733	10.2	0.0	0.0	90.3	9.7	0.0	13,007	3,111	303	299	1	2	273	26	2.1	0.8	5	1	27	27
東久留米市	116,546	90,315	12.9	0.0	0.0	50.2	49.8	0.0	21,922	3,959	719	707	0	13	643	64	2.9	1.6	11	2	123	119
武蔵村山市	70,053	59,591	15.4	0.0	0.0	40.3	59.7	0.0	16,788	3,785	438	435	0	2	387	49	2.3	1.3	11	2	235	230
多摩市	147,648	137,622	21.1	0.0	0.0	6.2	93.8	0.0	12,107	5,304	931	845	2	83	731	114	6.0	2.2	43	3	29	28
稲城市	84,835	58,913	18.0	0.0	0.0	16.6	83.4	0.0	11,702	3,370	666	627	3	35	584	43	5.0	1.3	46	2	27	26
羽村市	57,032	55,966	9.9	0.0	0.0	90.2	9.8	0.0	8,513	3,578	108	103	0	5	76	27	0.9	0.8	12	1	158	157
あきる野市	80,868	67,814	73.3	8.6	48.1	29.2	14.1	0.0	26,124	4,269	603	549	0	54	509	40	1.9	0.9	271	2	490	481
西東京市	196,511	148,056	15.9	0.0	0.0	72.0	28.0	0.0	31,416	6,457	831	830	0	1	767	64	2.4	1.0	1	2	201	197
瑞穂町	33,497	36,088	16.8	0.0	0.0	97.3	2.7	0.0	8,480	2,652	152	150	0	3	136	13	1.6	0.5	1	1	50	49
日の出町	16,650	13,965	28.1	21.0	23.1	52.2	3.7	0.0	5,321	1,194	132	82	0	50	76	6	1.4	0.5	183	0	69	69
檜原村	2,558	2,566	105.4	23.6	76.4	0.1	0.0	0.0	1,865	307	25	0	0	24	0	0	0.0	0.0	235	0	0	0
奥多摩町	6,045	6,205	225.6	99.3	0.7	0.0	0.0	0.0	3,975	868	11	0	0	11	0	0	0.0	0.0	378	0	0	0
多摩計	4,185,878	3,663,705	1159.9	2.6	19.3	23.4	31.0	0.1	790,186	209,098	31,474	30,435	45	995	27,293	3,142	3.5	1.5	2,592	86	7,419	7,178
都計	13,131,573	14,948,404	1776.6	17.2	12.7	44.6	25.5	0.0	2,011,459	814,962	75,668	73,322	817	1,528	65,573	7,749	3.3	1.0	3,184	180	15,707	15,280

※小数点以下の四捨五入により、合計値は合わないことがある。
※焼失した建物と倒壊した建物の棟数は、一部被害が重複するので、焼失した建物に倒壊した建物を含む場合と含まない場合を示す。

（出所）東京都(2012b)

死者 計(人)	死者 ゆれ・液状化建物被害	死者 急傾斜地崩壊等	死者 火災	死者 ブロック塀等	死者 屋外落下物	死者 屋内収容物(参考値)	負傷者 計(人)	負傷者 ゆれ・液状化建物被害	負傷者 急傾斜地崩壊等	負傷者 火災	負傷者 ブロック塀等	負傷者 屋外落下物	負傷者 屋内収容物(参考値)	重傷者 計(人)	重傷者 ゆれ・液状化建物被害	重傷者 急傾斜地崩壊等	重傷者 火災	重傷者 ブロック塀等	重傷者 屋外落下物	重傷者 屋内収容物(参考値)	避難者 発生数(人)	滞留者数(人)	帰宅困難者数(人)	閉じ込めにつながり得るエレベーター停止台数	災害時要援護者 死者数(人)	自力脱出困難者 発生数(人)	震災廃棄物(万t)	
9	8	0	0	0	0	0	415	411	0	0	1	3	19	34	33	0	0	0	0	4	7,445	–	–	351	4	86	25	千
35	34	0	0	0	0	1	1,515	1,504	0	1	6	5	38	153	150	0	0	2	0	8	35,058	–	–	350	15	556	44	中
55	51	3	0	1	0	3	2,218	2,175	4	2	34	4	68	232	216	2	1	13	0	15	39,045	–	–	545	25	714	71	港
75	70	4	0	1	0	4	2,570	2,533	5	2	29	2	95	205	190	2	1	11	0	21	40,764	–	–	300	38	616	66	新
42	36	0	0	2	0	3	1,534	1,442	4	1	83	4	63	118	83	2	0	32	0	14	25,481	–	–	134	19	273	37	文
143	140	0	1	2	0	2	2,514	2,445	0	3	56	9	53	276	251	0	1	22	1	12	47,127	–	–	261	78	933	84	台
172	167	0	5	0	0	3	3,792	3,768	0	9	13	2	75	365	357	0	3	5	0	17	80,282	–	–	166	80	1,252	108	墨
163	159	0	3	2	0	13	5,822	5,742	0	8	64	7	279	606	578	0	2	25	1	62	153,564	–	–	257	80	2,360	134	江
121	110	3	7	1	0	5	3,471	3,436	4	11	19	1	113	278	265	2	3	7	0	25	61,282	–	–	181	57	917	73	品
64	53	2	6	3	0	4	1,754	1,654	2	8	88	1	84	152	115	1	2	34	0	19	39,369	–	–	85	26	399	46	目
199	177	4	16	2	0	10	5,145	5,050	5	23	64	3	220	416	382	3	6	25	0	49	162,156	–	–	193	92	1,477	179	大
265	214	4	25	21	0	13	6,486	5,653	5	61	736	31	270	763	453	3	17	287	3	60	135,490	–	–	185	117	1,711	144	世
49	45	1	1	2	0	3	1,742	1,649	1	2	85	6	66	154	120	0	0	33	1	15	29,781	–	–	250	21	492	47	渋
74	66	1	6	1	0	5	2,235	2,187	1	8	37	1	99	154	137	1	2	14	0	22	40,332	–	–	70	30	494	47	中
169	127	0	36	6	0	8	3,861	3,539	0	107	208	7	172	352	240	0	30	81	0	38	93,396	–	–	101	74	947	83	杉
83	75	0	5	3	0	4	2,419	2,305	0	7	100	6	80	200	158	0	2	39	1	18	41,387	–	–	162	42	591	51	豊
118	104	9	3	1	0	5	3,172	3,115	12	6	36	2	104	251	229	6	2	14	0	23	57,300	–	–	87	66	827	76	北
180	174	0	5	0	0	3	3,311	3,261	0	10	34	4	58	344	327	0	3	13	0	13	64,276	–	–	83	99	1,424	80	荒
90	75	4	6	4	0	8	3,532	3,370	5	10	141	5	169	248	187	3	3	55	1	38	67,545	–	–	113	44	731	69	板
212	164	0	32	16	0	11	5,389	4,715	0	86	568	20	223	585	337	0	24	222	2	49	109,831	–	–	98	96	1,331	97	練
300	270	0	28	2	0	10	7,195	7,037	0	75	78	5	203	618	566	0	21	31	1	45	183,139	–	–	111	161	2,117	194	足
164	149	0	13	2	0	7	3,793	3,714	0	20	56	3	139	306	278	0	6	22	0	31	122,114	–	–	68	78	1,054	140	葛
174	156	0	16	2	0	10	4,861	4,750	0	26	82	4	207	413	374	0	7	32	0	46	174,429	–	–	125	81	1,486	142	江
2,953	2,624	39	213	76	2	133	78,746	75,458	49	485	2,618	136	2,898	7,224	6,028	24	136	1,021	14	642	1,810,593	–	–	4,279	1,424	22,788	2,037	区
477	415	20	41	1	0	9	6,363	6,140	25	143	51	4	175	823	751	12	40	20	0	39	111,931	–	–	186	195	2,729	195	八
93	83	1	7	1	0	5	1,605	1,553	2	13	36	2	107	210	192	1	4	14	0	24	31,564	–	–	85	43	597	51	立
30	26	0	3	1	0	2	933	898	0	4	30	1	44	84	71	0	1	12	0	10	29,966	–	–	56	13	229	19	武
59	51	2	5	1	0	3	1,298	1,257	2	7	31	1	57	117	102	1	2	12	0	13	30,588	–	–	38	25	393	30	三
34	22	8	3	0	0	2	570	551	10	5	4	0	46	42	33	5	1	2	0	10	8,791	–	–	8	13	124	21	青
71	62	1	7	1	0	2	1,568	1,532	1	11	23	1	79	143	130	1	3	9	0	17	38,526	–	–	66	31	446	43	府
81	73	0	7	0	0	4	1,165	1,138	1	12	14	1	70	155	147	0	3	5	0	16	25,531	–	–	10	35	578	34	昭
45	40	1	3	1	0	3	1,376	1,347	1	5	23	1	70	110	99	1	1	9	0	16	32,664	–	–	46	20	422	28	調
267	237	11	17	1	0	13	4,278	4,189	14	30	43	2	253	453	421	7	8	17	0	56	83,126	–	–	96	118	1,609	114	町
52	45	0	6	1	0	3	886	858	0	9	18	1	65	90	81	0	2	7	0	14	23,858	–	–	7	21	324	21	小
144	129	0	14	1	0	6	1,877	1,807	0	21	46	3	114	259	235	0	6	18	0	25	37,068	–	–	15	63	808	52	小
157	142	9	5	1	0	6	2,189	2,116	11	10	48	3	114	304	277	6	3	19	0	25	38,979	–	–	46	67	1,078	71	日
88	78	1	7	2	0	5	1,413	1,320	1	13	76	3	91	186	152	0	4	30	0	20	27,503	–	–	10	43	554	35	東
81	67	3	6	5	0	4	1,173	994	1	10	158	7	71	183	116	2	3	61	1	16	26,199	–	–	32	32	557	31	国
27	22	0	4	0	0	2	518	502	1	6	9	0	43	56	51	0	2	4	0	10	17,341	–	–	5	12	262	13	国
31	25	1	4	0	0	2	480	464	1	7	5	0	35	53	47	1	2	3	0	8	8,901	–	–	5	14	185	15	福
17	15	0	2	0	0	1	472	457	0	7	12	0	24	37	31	0	1	5	0	5	11,575	–	–	3	8	150	9	狛
59	47	1	10	0	0	3	765	728	1	14	21	1	50	96	83	1	4	8	0	11	16,689	–	–	6	27	328	22	東
20	19	0	1	0	0	1	501	496	0	1	4	0	24	41	39	0	0	2	0	5	10,925	–	–	4	11	154	11	清
49	44	1	3	1	0	3	966	939	1	6	19	1	67	96	86	1	2	7	0	15	19,820	–	–	5	23	346	22	東
33	26	0	6	0	0	2	450	438	0	9	3	0	39	44	40	0	2	3	0	9	10,828	–	–	5	16	164	15	武
58	50	7	1	0	0	4	1,731	1,711	9	3	7	0	92	197	188	4	1	3	0	20	29,789	–	–	9	24	801	33	多
44	40	3	1	0	0	2	961	952	4	2	3	0	50	100	96	2	1	1	0	11	16,059	–	–	5	19	378	19	稲
10	5	0	4	0	0	1	211	202	0	2	6	0	18	17	14	0	1	2	0	4	8,182	–	–	4	8	53	7	羽
52	35	5	13	0	0	1	498	469	6	16	7	0	26	52	42	5	4	2	0	5	9,022	–	–	5	20	162	20	あ
60	52	0	6	0	0	3	1,366	1,322	0	10	32	1	62	121	105	0	3	13	0	14	38,937	–	–	8	26	465	27	西
11	9	0	1	0	0	1	216	212	0	2	1	0	11	14	13	0	1	0	0	4	3,551	–	–	3	4	56	7	瑞
10	5	4	0	0	0	1	78	71	5	2	1	0	5	8	5	2	1	0	0	2	1,614	–	–	1	4	23	6	日
2	0	2	0	0	0	0	3	0	3	0	0	0	0	1	0	1	0	0	0	0	84	–	–	0	0	0	2	檜
1	0	1	0	0	0	0	1	0	1	0	0	0	0	1	0	1	0	0	0	0	32	–	–	0	0	0	1	奥
2,161	1,865	84	190	21	0	95	35,912	34,662	105	378	731	36	1,904	4,095	3,647	53	106	285	4	422	749,643	–	–	770	930	13,973	971	多
5,115	4,489	123	403	97	2	228	114,658	110,119	154	864	3,349	172	4,802	11,319	9,675	77	242	1,306	18	1,064	2,560,236	–	–	5,048	2,354	36,761	3,007	都

表 1.21　立川断層帯地震（冬 18 時・風速 8m/s）※被害想定が最大のもの

	夜間人口（人）	昼間人口（人）	面積（km²）	震度別面積率(%) 5弱以下	5強	6弱	6強	7	建物棟数 木造	非木造	原因別建物全壊棟数 計	ゆれ	液状化	急傾斜地崩壊	ゆれ 建物全壊棟数 木造	非木造	ゆれ 建物全壊率(%) 木造	非木造	急傾斜地崩壊危険箇所	出火件数	火災 焼失棟数 倒壊建物を含む	含まない
千代田区	47,115	853,382	11.6	1.6	98.4	0.0	0.0	0.0	3,629	15,380	0	0	0	0	0	0	0.0	0.0	17	1	0	0
中央区	122,762	647,733	10.2	30.9	69.1	0.0	0.0	0.0	6,210	12,760	0	0	0	0	0	0	0.0	0.0	0	1	0	0
港区	205,131	908,940	20.3	24.4	75.6	0.0	0.0	0.0	13,050	21,979	4	0	0	4	0	0	0.0	0.0	118	1	0	0
新宿区	326,309	770,094	18.2	0.0	100.0	0.0	0.0	0.0	36,731	29,507	6	0	0	5	0	0	0.0	0.0	46	2	5	5
文京区	206,626	336,229	11.3	0.0	100.0	0.0	0.0	0.0	27,454	19,692	3	0	0	3	0	0	0.0	0.0	48	1	3	3
台東区	175,928	303,522	10.1	1.0	99.0	0.0	0.0	0.0	22,814	22,088	0	0	0	0	0	0	0.0	0.0	1	1	1	1
墨田区	247,606	262,514	13.8	1.3	98.7	0.0	0.0	0.0	34,427	23,443	0	0	0	0	0	0	0.0	0.0	0	1	9	9
江東区	460,819	490,708	39.5	40.9	59.1	0.0	0.0	0.0	27,895	24,091	0	0	0	0	0	0	0.0	0.0	0	2	6	6
品川区	365,302	505,034	22.7	78.4	21.6	0.0	0.0	0.0	51,286	25,015	2	0	0	2	0	0	0.0	0.0	43	1	15	15
目黒区	268,330	271,320	14.7	41.3	58.7	0.0	0.0	0.0	40,796	23,689	4	0	0	4	0	0	0.0	0.0	20	1	26	26
大田区	693,373	657,209	59.5	95.2	4.8	0.0	0.0	0.0	99,142	45,038	0	0	0	0	0	0	0.0	0.0	70	1	33	33
世田谷区	877,138	736,040	58.1	6.0	84.5	9.5	0.0	0.0	129,338	56,307	32	27	0	5	22	5	0.0	0.0	57	4	220	219
渋谷区	204,492	542,803	15.1	4.2	95.8	0.0	0.0	0.0	19,674	19,101	3	0	0	3	0	0	0.0	0.0	12	1	9	9
中野区	314,750	285,636	15.6	0.0	71.4	28.6	0.0	0.0	51,464	20,821	39	38	0	1	30	8	0.1	0.0	14	3	149	149
杉並区	549,569	439,379	34.0	0.0	26.0	74.0	0.0	0.0	92,388	30,825	245	244	1	0	205	38	0.2	0.1	2	7	3,030	3,024
豊島区	284,678	378,475	13.0	0.0	100.0	0.0	0.0	0.0	37,098	19,923	0	0	0	0	0	0	0.0	0.0	12	1	42	42
北区	335,544	307,317	20.6	11.9	86.4	1.7	0.0	0.0	50,151	22,372	9	1	0	7	1	0	0.0	0.0	58	1	9	9
荒川区	203,296	184,021	10.2	0.2	99.8	0.0	0.0	0.0	26,888	11,633	1	0	0	0	0	0	0.0	0.0	5	1	0	0
板橋区	535,824	456,425	32.2	9.8	88.7	1.5	0.0	0.0	65,083	29,528	10	1	0	8	1	1	0.0	0.0	54	2	50	50
練馬区	716,124	530,628	48.2	1.0	70.2	28.8	0.0	0.0	114,320	32,078	114	113	0	1	103	10	0.1	0.0	12	5	633	633
足立区	683,426	539,300	53.2	18.1	81.9	0.0	0.0	0.0	104,482	38,845	0	0	0	0	0	0	0.0	0.0	0	3	107	107
葛飾区	442,586	343,039	34.8	62.9	37.1	0.0	0.0	0.0	78,991	27,793	0	0	0	0	0	0	0.0	0.0	0	1	54	54
江戸川区	678,967	534,942	49.9	68.7	31.3	0.0	0.0	0.0	87,962	33,956	0	0	0	0	0	0	0.0	0.0	0	1	50	50
区部計	8,945,695	11,284,699	616.7	29.4	62.6	8.1	0.0	0.0	1,221,273	605,864	470	425	3	43	363	62	0.0	0.0	592	43	4,451	4,445
八王子市	580,053	549,417	186.3	23.5	19.7	28.2	26.9	1.7	118,849	35,966	4,617	4,417	3	197	3,960	458	3.3	1.3	509	32	3,451	3,353
立川市	179,668	193,465	24.4	0.0	0.0	0.0	72.2	27.8	35,188	11,697	3,806	3,788	0	18	3,232	556	9.2	4.7	16	26	4,592	4,221
武蔵野市	138,734	154,448	10.7	0.0	0.0	100.0	0.0	0.0	21,101	8,163	133	133	0	0	114	19	0.5	0.2	0	3	333	331
三鷹市	186,083	148,458	16.5	0.0	2.5	97.5	0.0	0.0	32,764	8,103	192	175	0	16	158	17	0.5	0.2	9	3	389	387
青梅市	139,339	127,176	103.3	0.0	52.5	23.2	23.0	1.3	37,782	7,607	1,527	1,359	0	168	1,183	176	3.1	2.3	511	12	1,012	982
府中市	255,506	236,133	29.3	0.0	0.0	39.1	60.9	0.0	47,162	14,711	1,559	1,542	4	13	1,345	196	2.9	1.3	8	18	3,450	3,364
昭島市	112,297	100,508	17.3	0.0	0.0	0.0	88.4	11.6	20,558	5,530	2,604	2,598	0	5	2,294	305	11.2	5.5	9	14	2,190	1,972
調布市	223,593	186,275	21.5	0.0	44.7	55.3	0.0	0.0	29,412	8,668	79	72	0	7	63	9	0.2	0.1	17	2	142	142
町田市	426,987	364,091	71.6	1.3	39.0	59.1	0.5	0.0	87,953	22,322	306	253	1	53	233	20	0.3	0.1	198	5	312	311
小金井市	118,852	95,195	11.3	0.0	0.0	59.2	40.8	0.0	22,335	5,024	645	643	0	2	595	48	2.7	1.0	4	6	1,149	1,122
小平市	187,035	160,499	20.5	0.0	0.0	13.3	86.0	0.0	42,481	9,322	2,322	2,322	0	0	2,113	209	5.0	2.2	0	18	4,364	4,168
日野市	180,052	154,114	27.5	0.0	0.0	1.1	95.0	3.9	33,122	9,441	3,314	3,205	0	106	2,812	393	8.5	4.2	72	21	1,839	1,701
東村山市	153,557	115,046	17.2	0.0	0.0	31.5	68.5	0.0	31,779	6,245	1,094	1,085	2	8	986	99	3.1	1.6	8	13	1,812	1,760
国分寺市	120,650	95,649	11.5	0.0	0.0	0.0	99.7	0.2	20,001	4,889	2,399	2,360	0	39	2,154	206	10.8	4.2	15	14	4,637	4,198
国立市	75,510	71,295	8.2	0.0	0.0	0.0	99.9	0.1	8,768	2,557	1,119	1,113	0	6	970	143	11.1	5.6	2	8	3,143	2,834
福生市	59,796	52,442	10.2	0.0	0.0	0.0	72.5	27.5	11,631	3,475	1,372	1,361	0	12	1,200	160	10.3	4.6	9	8	1,406	1,279
狛江市	78,751	57,386	6.4	0.0	99.9	0.1	0.0	0.0	10,391	2,668	0	0	0	0	0	0	0.0	0.0	0	1	27	27
東大和市	83,068	64,274	13.5	0.0	0.0	0.0	99.8	0.0	17,689	3,856	1,640	1,627	0	13	1,476	151	8.3	3.9	8	9	3,884	3,590
清瀬市	74,104	60,733	10.2	0.0	0.0	100.0	0.0	0.0	13,007	3,111	100	97	0	2	89	8	0.7	0.3	5	1	49	48
東久留米市	116,546	90,315	12.9	0.0	0.0	97.9	2.1	0.0	21,922	3,959	285	272	0	13	251	21	1.1	0.5	11	2	230	228
武蔵村山市	70,053	59,591	15.4	0.0	0.0	0.0	70.0	30.0	16,788	3,785	1,900	1,898	0	2	1,654	244	9.9	6.4	11	14	3,243	2,944
多摩市	147,648	137,622	21.1	0.0	0.0	33.2	66.8	0.0	12,107	5,304	666	593	1	71	520	73	4.3	1.4	43	9	318	307
稲城市	84,835	58,913	18.0	0.0	0.0	79.7	20.3	0.0	11,702	3,370	197	175	1	21	160	15	1.4	0.5	46	2	27	27
羽村市	57,032	55,966	9.9	0.0	0.0	0.0	100.0	0.0	8,513	3,578	490	483	0	7	336	147	3.9	4.1	12	8	2,181	2,094
あきる野市	80,868	67,814	73.3	19.0	38.8	6.8	34.9	0.0	26,124	4,269	1,065	1,002	0	63	924	78	3.5	1.8	271	8	2,853	2,759
西東京市	196,511	148,056	15.9	0.0	0.1	97.4	2.5	0.0	31,416	6,457	428	427	0	1	398	29	1.3	0.5	1	3	409	405
瑞穂町	33,497	36,088	16.8	0.0	0.0	0.0	96.9	3.1	8,480	2,652	830	827	0	1	724	103	8.5	3.9	1	5	873	808
日の出町	16,650	13,965	28.1	0.0	34.5	41.5	24.0	0.0	5,321	1,194	208	146	0	61	135	12	2.5	1.0	183	1	533	521
檜原村	2,558	2,566	105.4	97.3	2.7	0.0	0.0	0.0	1,865	307	2	0	0	2	0	0	0.0	0.0	235	0	0	0
奥多摩町	6,045	6,205	225.6	75.7	24.1	0.2	0.0	0.0	3,975	868	37	0	0	37	0	0	0.0	0.0	378	0	2	0
多摩計	4,185,878	3,663,705	1159.9	28.6	19.9	22.5	27.0	2.0	790,186	209,098	34,936	33,974	17	946	30,080	3,894	3.8	1.9	2,592	265	48,850	45,883
都計	13,131,573	14,948,404	1776.6	28.9	34.7	17.5	17.6	1.3	2,011,459	814,962	35,407	34,399	20	988	30,443	3,956	1.5	0.5	3,184	308	53,302	50,328

※小数点以下の四捨五入により、合計値は合わないことがある。
※焼失した建物と倒壊した建物の棟数は、一部被害が重複するので、焼失した建物に倒壊した建物を含む場合と含まない場合を示す。

（出所）東京都(2012b)

死者 計(人)	ゆれ・液状化建物被害	急傾斜地崩壊	火災	ブロック塀等	屋外落下物	屋内収容物(参考値)	負傷者 計(人)	ゆれ・液状化建物被害	急傾斜地崩壊	火災	ブロック塀等	屋外落下物	屋内収容物(参考値)	うち重傷者 計(人)	ゆれ・液状化建物被害	急傾斜地崩壊	火災	ブロック塀等	屋外落下物	屋内収容物(参考値)	避難者 発生数(人)	帰宅困難者 滞留者数(人)	帰宅困難者数(人)	閉じ込めにつながり得るエレベーター停止台数	災害時要援護者 死者数(人)	自力脱出困難者 発生数(人)	震災廃棄物(万t)	
0	0	0	0	0	0	3	140	138	0	1	0	0	85	0	0	0	0	0	0	15	97	1,080,758	501,355	138	0	0	1	千
0	0	0	0	0	0	2	68	67	0	1	1	0	55	1	0	0	0	0	0	10	348	687,953	309,315	109	0	0	1	中
1	0	0	0	0	0	5	76	70	1	2	4	0	88	2	0	0	0	1	0	16	245	1,052,177	468,794	167	0	0	1	港
1	0	0	0	0	0	4	140	129	1	2	8	0	63	4	0	0	0	3	0	11	2,389	754,164	313,811	130	0	0	4	新
1	0	0	1	0	0	2	82	57	0	1	24	0	27	10	0	0	0	10	0	5	753	336,926	131,632	62	1	0	2	文
0	0	0	0	0	0	1	86	74	0	1	11	0	24	5	0	0	0	4	0	4	1,083	292,785	112,757	85	0	0	2	台
0	0	0	0	0	0	1	90	87	0	1	3	0	22	1	0	0	0	1	0	4	1,429	242,306	79,083	52	0	0	3	墨
0	0	0	0	0	0	3	73	63	0	2	8	0	47	4	0	0	0	3	0	8	913	509,466	178,078	80	0	0	1	江
1	0	0	0	0	0	2	6	4	0	1	1	0	16	1	0	0	0	0	0	2	134	480,501	179,084	25	0	0	1	品
1	0	0	1	0	0	1	12	3	0	1	7	0	8	3	0	0	0	3	0	1	354	241,932	78,206	26	1	0	1	目
1	0	0	1	0	0	2	3	1	0	1	0	0	20	1	0	0	0	0	0	3	469	556,136	166,426	19	0	0	0	大
11	1	0	4	6	0	4	327	127	0	8	193	0	57	80	2	0	2	75	0	10	7,585	601,311	168,047	85	9	8	7	世
1	0	0	0	1	0	3	114	89	0	2	23	0	45	9	0	0	0	9	0	8	1,882	529,282	222,342	107	0	0	3	渋
5	1	0	3	0	0	2	169	147	0	5	17	0	21	11	3	0	1	7	0	4	6,546	213,227	58,123	43	3	12	7	中
67	8	0	55	3	0	5	872	539	0	213	119	1	109	124	18	0	59	46	0	24	29,614	358,016	92,357	86	44	73	29	杉
2	0	0	1	1	0	2	120	87	0	2	30	0	31	12	0	0	1	12	0	6	2,769	374,171	140,005	73	1	0	3	豊
1	0	0	0	0	0	2	64	55	1	1	7	0	24	4	0	0	0	3	0	4	3,827	247,350	69,466	32	1	0	4	北
0	0	0	0	0	0	1	101	92	0	1	9	0	14	4	0	0	0	3	0	3	3,914	144,651	39,287	27	0	0	3	荒
2	0	0	1	1	0	3	86	53	1	3	30	0	37	13	0	0	1	12	0	7	10,237	377,648	104,123	49	2	1	3	板
22	4	0	12	6	0	3	519	288	0	16	215	0	45	97	9	0	5	84	0	8	22,464	417,116	98,294	56	17	36	11	練
2	0	0	2	0	0	4	52	38	0	4	10	0	45	5	0	0	1	4	0	8	7,697	430,379	107,115	40	2	0	2	足
1	0	0	1	0	0	1	18	13	0	2	3	0	11	2	0	0	1	1	0	1	2,724	292,473	70,560	16	1	0	1	葛
1	0	0	1	0	0	2	20	14	0	2	4	0	16	2	0	0	1	1	0	2	578	414,385	102,564	26	1	0	1	江
122	15	3	83	21	0	57	3,238	2,233	4	273	726	1	910	395	33	2	76	283	0	165	108,053	10,635,113	3,790,824	1,533	84	130	87	区
275	190	13	71	1	0	6	3,905	3,547	16	297	42	2	138	478	371	0	83	16	0	30	106,673	489,631	146,971	163	134	1,348	147	八
265	165	1	98	1	0	5	3,069	2,596	2	414	51	6	110	561	424	1	116	20	1	24	69,535	174,410	56,735	120	130	1,331	107	立
13	6	0	7	1	0	2	385	355	0	10	20	0	41	28	18	0	3	8	0	9	14,562	151,201	53,755	51	6	58	9	武
16	7	0	7	1	0	2	352	322	1	10	18	0	39	25	14	1	3	7	0	8	12,454	131,438	36,195	34	9	55	12	三
93	61	11	21	0	0	2	972	893	14	57	8	0	34	128	102	7	16	3	0	7	22,756	112,351	30,734	12	45	375	52	青
136	64	1	71	1	0	5	1,734	1,418	1	287	27	2	112	239	148	1	80	10	0	24	61,507	212,025	66,153	84	71	511	61	府
149	105	0	43	1	0	3	1,595	1,414	0	160	18	2	60	282	230	0	45	7	0	13	45,900	89,744	25,772	13	82	907	63	昭
6	3	0	3	0	0	2	210	194	1	5	12	0	49	13	7	0	1	5	0	11	8,352	162,590	46,407	32	4	31	6	調
20	10	3	6	0	0	2	509	479	4	11	15	0	31	30	19	2	3	6	0	6	16,657	319,134	86,680	56	12	73	19	町
46	25	0	21	0	0	5	611	535	0	58	17	1	23	69	46	0	16	7	0	5	25,170	80,649	22,652	12	28	185	22	小
183	96	0	86	1	0	4	1,816	1,410	0	357	46	3	82	305	187	0	100	18	0	18	58,129	137,813	38,306	17	104	644	63	小
170	125	7	36	2	0	4	2,078	1,875	9	134	55	5	85	331	267	4	38	21	0	19	63,534	135,905	38,531	52	93	1,039	91	日
81	43	0	35	2	0	3	1,040	843	1	123	70	3	59	151	89	0	34	27	0	13	41,900	99,112	23,310	10	55	325	34	東
187	89	3	90	6	0	3	1,725	1,131	3	373	202	16	55	356	170	2	104	79	2	12	58,443	86,028	23,791	45	99	808	61	国
104	43	0	60	0	0	2	977	727	0	235	14	1	36	180	109	0	66	5	0	6	42,407	61,502	18,218	6	57	559	35	国
84	55	1	28	0	0	1	775	673	1	87	12	0	30	138	109	0	24	5	0	6	23,213	41,779	10,596	7	49	427	35	福
1	0	0	0	0	0	0	6	2	0	1	3	0	5	2	0	0	0	1	0	1	548	43,071	8,872	2	0	0	0	狛
146	68	1	76	1	0	2	1,194	858	1	307	26	2	40	225	128	1	86	10	0	9	38,210	59,513	15,194	9	86	504	44	東
5	4	0	1	0	0	1	187	183	0	2	2	0	16	10	9	0	1	1	0	4	8,836	51,898	12,939	3	4	35	5	清
16	11	1	4	0	0	1	407	387	1	7	13	0	24	30	22	0	2	5	0	5	17,650	72,147	16,721	5	11	89	13	東
137	74	0	63	0	0	2	1,050	793	0	251	6	0	34	198	126	0	70	2	0	7	32,922	51,159	13,997	9	88	510	51	武
36	24	5	7	0	0	3	1,060	1,032	6	15	7	0	69	109	99	3	4	3	0	15	32,788	129,381	39,123	8	17	420	26	多
8	7	1	1	0	0	1	291	286	2	2	2	0	16	19	17	1	0	1	0	4	9,803	54,682	14,593	4	5	66	9	稲
62	17	0	45	0	0	1	587	418	1	164	5	0	27	101	53	0	46	2	0	6	24,832	45,720	13,497	7	30	206	29	羽
108	47	4	57	0	0	2	716	483	5	218	9	0	35	126	58	2	61	4	0	9	20,357	60,658	15,173	7	54	226	33	あ
24	16	0	7	0	0	1	619	584	0	10	25	1	40	47	34	0	3	10	0	9	26,451	127,759	31,227	7	20	152	18	西
61	42	0	19	0	0	1	470	426	0	42	2	0	20	74	62	0	12	1	0	4	11,759	33,909	10,851	5	24	269	24	瑞
23	8	4	11	0	0	1	107	87	5	14	1	0	4	15	8	3	4	0	0	1	3,577	15,893	4,655	2	11	36	9	日
0	0	0	0	0	0	0	0	0	0	0	0	0	0	0	0	0	0	0	0	0	7	2,688	562	0	0	0	0	檜
3	0	2	0	0	0	0	4	0	3	0	0	0	1	2	0	2	0	0	0	0	152	6,036	1,480	0	2	0	2	奥
2,460	1,403	62	973	21	1	63	28,452	23,950	78	3,649	727	48	1,315	4,272	2,926	39	1,019	284	5	285	899,086	3,239,826	923,490	775	1,328	11,189	1,080	多
2,582	1,417	66	1,056	42	1	119	31,690	26,183	82	3,922	1,453	49	2,226	4,668	2,959	41	1,096	587	5	450	1,007,138	13,874,939	4,714,314	2,308	1,412	11,320	1,166	都

表 1.22　元禄型関東地震（冬 18 時・風速 8m/s）※被害想定が最大のもの

	夜間人口（人）	昼間人口（人）	面積（km²）	震度別面積率(%)					建物棟数		原因別建物全壊棟数				ゆれ 建物全壊棟数		ゆれ 建物全壊率(%)		急傾斜地崩壊危険箇所	津波全壊棟数	火災		
																					出火件数	焼失棟数 倒壊建物を含む	焼失棟数 倒壊建物を含まない
				5弱以下	5強	6弱	6強	7	木造	非木造	計	ゆれ	液状化	急傾斜地崩壊	木造	非木造	木造	非木造					
千代田区	47,115	853,382	11.6	0.0	0.0	80.6	19.4	0.0	3,629	15,380	333	326	3	5	184	142	5.1	0.9	17	0	4	0	0
中央区	122,762	647,733	10.2	0.0	0.0	48.1	51.9	0.0	6,210	12,760	1,046	1,035	10	0	811	224	13.1	1.8	0	39	13	3	3
港区	205,131	908,940	20.3	0.0	0.0	54.1	45.9	0.0	13,050	21,979	1,172	1,087	6	80	803	284	6.2	1.3	118	4	17	25	25
新宿区	326,309	770,094	18.2	0.0	0.0	96.2	3.8	0.0	36,731	29,507	1,059	995	2	63	815	180	2.2	0.6	46	0	8	78	77
文京区	206,626	336,229	11.3	0.0	0.0	99.7	0.3	0.0	27,454	19,692	726	681	3	42	593	88	2.2	0.4	48	0	4	75	74
台東区	175,928	303,522	10.1	0.0	0.0	83.8	16.2	0.0	22,814	22,088	2,114	2,091	17	6	1,858	233	8.1	1.1	4	0	8	78	74
墨田区	247,606	262,514	13.8	0.0	0.0	45.6	54.4	0.0	34,427	23,443	3,390	3,356	34	0	3,028	328	8.8	1.4	0	31	19	3,339	3,145
江東区	460,819	490,708	39.5	0.0	0.0	6.8	93.2	0.0	27,895	24,091	3,979	3,942	37	0	3,470	472	12.4	2.0	0	40	38	2,569	2,374
品川区	365,302	505,034	22.7	0.0	0.0	2.8	96.9	0.3	51,286	25,015	4,883	4,814	10	59	4,355	459	8.5	1.8	43	10	40	20,755	19,445
目黒区	268,330	271,320	14.7	0.0	0.0	50.9	49.1	0.0	40,796	23,689	1,549	1,522	5	22	1,301	221	3.2	0.9	20	0	17	7,067	6,900
大田区	693,373	657,209	59.5	0.0	0.0	2.6	94.2	3.3	99,142	45,038	13,503	13,253	179	71	11,776	1,476	11.9	3.3	70	88	73	35,332	32,084
世田谷区	877,138	736,040	58.1	0.0	0.0	65.3	34.7	0.0	129,338	56,307	4,435	4,385	5	45	3,861	523	3.0	0.9	57	0	37	9,202	8,985
渋谷区	204,492	542,803	15.1	0.0	0.0	78.6	21.4	0.0	19,674	19,101	1,172	1,158	2	12	940	219	4.8	1.1	12	0	10	158	153
中野区	314,750	285,636	15.6	0.0	0.0	100.0	0.0	0.0	51,464	20,821	600	588	1	10	528	60	1.0	0.3	14	0	5	622	617
杉並区	549,569	439,379	34.0	0.0	0.0	99.8	0.2	0.0	92,388	30,825	1,230	1,227	2	1	1,121	106	1.2	0.3	2	0	9	3,790	3,752
豊島区	284,678	378,475	13.0	0.0	0.0	98.7	1.3	0.0	37,098	19,923	693	689	2	3	616	74	1.7	0.4	12	0	5	548	542
北区	335,544	307,317	20.6	0.0	0.0	98.7	1.2	0.0	50,151	22,372	1,324	1,200	19	105	1,103	97	2.2	0.4	58	0	6	258	254
荒川区	203,296	184,021	10.2	0.0	0.0	68.1	31.9	0.0	26,888	11,633	2,340	2,320	16	4	2,182	138	8.1	1.2	5	0	9	364	342
板橋区	535,824	456,425	32.2	0.0	0.5	99.5	0.0	0.0	65,083	29,528	742	691	6	44	604	88	1.0	0.3	54	0	8	678	673
練馬区	716,124	530,628	48.2	0.0	0.0	99.9	0.0	0.0	114,320	32,078	556	549	5	3	487	62	1.0	0.2	12	0	10	2,542	2,532
足立区	683,426	539,309	53.2	0.0	0.0	99.4	0.6	0.0	104,482	38,845	3,039	2,966	73	0	2,741	225	2.6	0.6	0	0	13	1,247	1,221
葛飾区	442,586	343,039	34.8	0.0	0.3	95.7	4.0	0.0	78,991	27,793	2,445	2,348	97	0	2,175	173	2.8	0.6	0	0	10	1,349	1,319
江戸川区	678,967	534,942	49.9	0.0	0.0	55.2	44.8	0.0	87,962	33,956	3,861	3,769	92	0	3,452	317	3.9	0.9	0	19	36	7,739	7,499
区部計	8,945,695	11,284,699	616.7	0.0	0.1	67.2	32.4	0.3	1,221,273	605,864	56,191	54,992	625	573	48,803	6,189	4.0	1.0	592	230	400	97,819	92,093
八王子市	580,053	549,417	186.3	0.0	47.4	25.4	27.2	0.0	118,849	35,966	3,798	3,591	7	199	3,242	349	2.7	1.0	509	0	29	2,196	2,145
立川市	179,668	193,465	24.4	0.0	0.0	98.4	1.6	0.0	35,188	11,697	533	523	0	10	458	66	1.3	0.6	16	0	4	210	207
武蔵野市	138,734	154,448	10.7	0.0	0.0	100.0	0.0	0.0	21,101	8,163	249	249	0	0	221	28	1.0	0.3	2	0	2	370	367
三鷹市	186,083	148,458	16.5	0.0	0.0	100.0	0.0	0.0	32,764	8,103	550	532	1	17	497	36	1.5	0.4	9	0	3	453	447
青梅市	139,339	127,176	103.3	61.2	17.7	21.1	0.0	0.0	37,782	7,607	92	38	0	54	32	6	0.1	0.1	511	0	2	129	129
府中市	255,506	236,133	29.3	0.0	0.0	100.0	0.0	0.0	47,162	14,711	461	445	5	11	405	40	0.9	0.3	8	0	5	385	382
昭島市	112,297	100,508	17.3	0.0	0.0	76.2	23.8	0.0	20,558	5,530	448	443	1	4	401	41	2.0	0.7	9	0	3	214	211
調布市	223,593	186,275	21.5	0.0	0.0	96.6	3.4	0.0	29,412	8,668	615	601	3	11	540	61	1.8	0.7	17	0	5	307	302
町田市	426,987	364,091	71.6	0.0	1.1	6.9	91.3	0.7	87,953	22,322	8,500	8,358	7	135	7,659	699	8.7	3.1	198	0	47	7,609	7,032
小金井市	118,852	95,195	11.3	0.0	0.0	100.0	0.0	0.0	22,335	5,024	205	203	0	2	190	13	0.8	0.3	4	0	2	267	265
小平市	187,035	160,499	20.5	0.0	0.0	100.0	0.0	0.0	42,481	9,322	466	466	0	0	438	29	1.0	0.3	0	0	4	323	320
日野市	180,052	154,114	27.5	0.0	0.0	47.4	52.6	0.0	33,122	9,441	1,349	1,242	4	103	1,095	147	3.3	1.6	72	0	12	738	717
東村山市	153,557	115,046	17.2	0.0	0.0	99.3	0.0	0.0	31,779	6,245	116	109	1	5	98	11	0.6	0.2	8	0	3	171	171
国分寺市	120,650	95,649	11.5	0.0	0.0	100.0	0.0	0.0	20,001	4,889	368	340	0	28	320	20	1.6	0.4	15	0	2	221	218
国立市	75,510	71,295	8.2	0.0	0.0	99.8	0.2	0.0	8,768	2,557	160	155	0	4	143	12	1.6	0.5	2	0	1	154	152
福生市	59,796	52,442	10.2	0.0	0.0	100.0	0.0	0.0	11,631	3,475	151	143	0	7	131	12	1.1	0.4	2	0	2	129	127
狛江市	78,751	57,386	6.4	0.0	0.0	100.0	0.0	0.0	10,391	2,668	199	199	0	0	186	13	1.8	0.5	0	0	2	492	485
東大和市	83,068	64,274	13.5	0.0	0.0	100.0	0.0	0.0	17,689	3,856	254	245	0	9	230	13	1.3	0.4	0	0	2	256	253
清瀬市	74,104	60,733	10.2	0.0	15.3	84.7	0.0	0.0	13,007	3,111	33	31	1	0	26	4	0.2	0.1	5	0	1	44	44
東久留米市	116,546	90,315	12.9	0.0	0.1	99.9	0.0	0.0	21,922	3,959	84	71	0	13	63	9	0.3	0.2	11	0	2	158	157
武蔵村山市	70,053	59,591	15.4	0.0	0.0	99.7	0.3	0.0	16,788	3,785	153	151	0	1	138	13	0.8	0.3	11	0	2	185	184
多摩市	147,648	137,622	21.1	0.0	0.0	37.6	62.4	0.0	12,107	5,304	580	511	2	67	438	72	3.6	1.4	43	0	9	209	203
稲城市	84,835	58,913	18.0	0.0	0.0	90.3	9.7	0.0	11,702	3,370	338	308	2	28	287	22	2.5	0.6	46	0	2	35	34
羽村市	57,032	55,966	9.9	0.0	1.3	98.7	0.0	0.0	8,513	3,578	21	17	0	5	11	6	0.1	0.2	12	0	2	240	240
あきる野市	80,868	67,814	73.3	26.3	34.9	37.7	1.2	0.0	26,124	4,269	215	167	0	48	156	11	0.6	0.3	271	0	2	618	615
西東京市	196,511	148,056	15.9	0.0	0.0	100.0	0.0	0.0	31,416	6,457	211	210	0	1	194	16	0.6	0.2	0	0	3	376	373
瑞穂町	33,497	36,088	16.8	0.0	1.9	98.1	0.0	0.0	8,480	2,652	23	23	0	0	19	4	0.2	0.1	0	0	1	76	76
日の出町	16,650	13,965	28.1	31.0	23.3	45.5	0.0	0.0	5,321	1,194	78	34	0	44	31	3	0.6	0.2	183	0	0	150	150
檜原村	2,558	2,566	105.4	19.7	80.3	0.0	0.0	0.0	1,865	307	22	0	0	22	0	0	0.0	0.0	235	0	0	0	0
奥多摩町	6,045	6,205	225.6	98.3	1.7	0.0	0.0	0.0	3,975	868	3	0	0	3	0	0	0.0	0.0	378	0	0	0	0
多摩計	4,185,878	3,663,705	1159.9	28.7	19.9	38.3	13.1	0.0	790,186	209,098	20,275	19,407	36	832	17,650	1,757	2.2	0.8	2,592	0	152	16,716	16,005
都計	13,131,573	14,948,404	1776.6	18.8	13.0	48.3	19.8	0.1	2,011,459	814,962	76,465	74,399	661	1,405	66,453	7,946	3.3	1.0	3,184	230	552	114,534	108,098

※小数点以下の四捨五入により、合計値は合わないことがある。
※焼失した建物と倒壊した建物の棟数は、一部被害が重複するので、焼失した建物に倒壊した建物を含む場合と含まない場合を示す。

（出所）東京都(2012b)

死者								負傷者							うち重傷者							避難者	帰宅困難者		閉じ込めにつながり得るエレベーター停止台数	災害時要援護者	自力脱出困難者	震災廃棄物(万t)	
計(人)	ゆれ・液状化建物被害	急傾斜地崩壊	火災	津波	ブロック塀等	屋外落下物	屋内収容物(参考値)	計(人)	ゆれ・液状化建物被害	急傾斜地崩壊	火災	ブロック塀等	屋外落下物	屋内収容物(参考値)	計(人)	ゆれ・液状化建物被害	急傾斜地崩壊	火災	ブロック塀等	屋外落下物	屋内収容物(参考値)	発生数(人)	滞留者数(人)	帰宅困難者数(人)		死者数(人)	発生数(人)		
109	108	1	0	0	0	0	5	5,778	5,766	1	6	1	4	261	535	532	0	2	1	0	57	9,757	1,080,758	501,355	398	3	1,405	31	千
82	80	0	1	0	0	0	7	4,700	4,670	0	17	6	7	314	525	517	0	5	2	1	68	41,431	687,953	309,315	498	7	1,957	57	中
107	94	9	2	0	1	0	8	5,981	5,908	12	22	34	5	269	613	587	6	6	13	0	59	48,228	1,052,177	468,794	580	11	2,000	70	港
70	60	6	3	0	1	0	7	3,097	3,052	8	11	26	1	193	240	223	4	3	10	0	42	55,968	754,164	313,811	294	16	732	59	新
43	35	3	2	0	2	0	3	1,643	1,543	4	6	85	5	82	132	95	2	2	33	1	18	35,906	336,926	131,632	137	14	313	39	文
134	130	0	2	0	2	0	2	2,770	2,696	1	10	56	8	71	279	254	0	3	22	1	16	50,963	292,785	112,757	254	51	946	83	台
233	161	0	72	0	0	0	2	3,837	3,532	0	290	13	2	67	445	359	0	81	5	0	15	95,110	242,306	79,083	249	113	1,259	124	墨
248	186	0	59	0	0	0	12	6,879	6,553	0	245	69	11	287	831	734	0	69	27	1	62	185,911	509,466	178,078	410	112	2,998	153	江
741	234	5	501	0	1	0	11	7,632	5,348	7	2,248	27	3	266	1,291	650	3	627	10	0	58	183,671	480,501	179,084	383	275	2,251	180	品
209	59	2	145	0	3	0	11	2,271	1,535	2	622	109	4	68	361	144	1	174	42	0	15	81,575	241,932	78,206	124	96	498	80	目
1,228	517	5	704	0	3	0	17	11,705	8,385	6	3,191	108	14	360	2,159	1,222	3	891	42	1	78	400,268	556,136	166,426	451	690	4,726	493	大
352	158	3	169	0	23	1	8	5,533	3,962	4	745	784	38	174	874	355	2	208	306	4	38	212,581	601,311	168,047	218	212	1,340	184	世
75	66	1	5	0	3	0	5	2,849	2,727	2	16	96	8	138	282	238	1	5	37	1	30	46,085	529,282	222,342	276	14	996	58	渋
34	21	1	12	0	1	0	3	944	894	1	17	31	1	64	64	46	0	5	12	0	14	50,084	213,227	58,123	68	20	167	33	中
118	44	1	69	0	5	0	3	2,073	1,616	0	277	176	5	109	235	88	0	77	69	0	24	104,661	358,016	92,357	103	75	349	67	杉
51	35	0	13	0	2	0	4	1,716	1,607	0	19	86	1	97	125	85	0	5	34	0	21	49,238	374,171	140,005	153	20	321	38	豊
60	47	7	5	0	1	0	3	1,780	1,727	8	10	34	2	73	129	109	4	3	13	0	16	66,784	247,350	69,466	81	44	392	65	北
110	102	0	7	0	1	0	2	2,192	2,141	0	14	33	4	42	213	195	0	4	13	0	9	66,525	144,651	39,287	77	78	850	70	荒
44	25	3	13	0	3	0	1	1,639	1,491	3	22	120	1	113	123	68	2	6	47	0	25	77,151	377,848	104,123	110	29	267	50	板
78	20	0	47	0	11	0	6	1,686	1,126	0	177	378	4	139	242	45	0	50	148	0	30	89,288	417,116	98,294	92	50	177	43	練
145	119	0	24	0	2	0	6	3,974	3,826	0	75	69	4	137	307	258	0	21	27	0	30	170,052	430,379	107,115	104	107	966	144	足
121	94	0	26	0	2	0	4	2,627	2,489	0	81	55	3	92	225	181	0	23	21	0	20	125,233	292,473	70,560	69	81	684	126	葛
290	142	0	145	0	3	0	6	4,786	4,051	0	636	93	6	133	568	353	0	178	36	1	29	233,904	414,385	102,564	168	193	1,404	175	江
4,683	2,537	47	2,024	0	72	2	135	88,093	76,644	58	8,757	2,490	143	3,548	10,797	7,337	29	2,445	971	15	773	2,480,374	10,635,113	3,790,824	5,298	2,311	27,001	2,421	区
215	155	13	45	0	1	0	2	3,418	3,182	17	179	38	2	139	374	300	8	50	15	0	30	97,962	489,631	146,971	156	105	1,092	130	八
29	23	1	5	0	1	0	2	884	851	1	8	22	1	49	69	58	0	2	9	0	11	17,839	174,410	56,735	60	14	181	24	立
19	11	0	8	0	1	0	2	618	584	0	11	23	0	40	44	32	0	3	9	0	9	28,873	151,201	53,755	53	8	104	14	武
31	21	1	9	0	1	0	2	779	740	1	12	25	1	39	56	42	1	3	10	0	8	34,467	131,438	36,195	36	18	163	24	三
8	2	4	3	0	0	0	1	99	88	4	4	2	0	11	7	3	2	1	1	0	2	3,766	112,351	30,734	6	4	11	7	青
28	19	1	8	0	0	0	4	818	788	1	12	16	0	62	52	42	1	3	6	0	14	36,215	212,025	66,153	59	15	143	25	府
23	18	0	4	0	0	0	4	551	534	0	7	9	0	26	44	39	0	2	4	0	6	16,738	89,744	25,772	45	13	152	17	昭
30	23	1	6	0	1	0	2	916	883	1	10	22	1	48	73	61	0	3	8	0	11	48,995	162,590	46,407	45	18	259	22	調
494	335	9	149	0	2	0	10	5,406	4,675	11	660	56	5	200	846	634	5	184	22	1	43	157,946	319,134	86,680	130	287	2,421	206	町
13	8	0	5	0	0	0	1	315	297	0	7	11	0	23	21	14	0	2	4	0	5	17,044	80,649	22,652	6	8	58	10	小
27	20	0	6	0	1	0	2	698	663	0	10	24	1	42	49	37	0	3	9	0	9	20,078	137,813	38,306	10	15	127	20	小
71	49	7	15	0	1	0	3	1,136	1,057	8	31	38	2	74	131	103	4	9	15	0	16	37,150	135,905	38,531	39	39	402	49	日
9	4	0	3	0	1	0	2	267	228	0	6	33	0	33	24	9	0	2	13	0	7	14,023	99,112	23,310	7	6	33	8	東
22	13	2	4	0	3	0	1	521	418	2	6	92	2	26	63	24	1	2	36	0	6	17,157	86,028	23,791	22	11	113	16	国
10	6	0	3	0	0	0	1	254	243	0	4	6	0	17	18	14	0	1	2	0	4	10,648	61,502	18,218	3	5	75	7	国
9	6	0	3	0	0	0	1	221	211	0	4	5	0	13	15	11	0	1	2	0	4	5,737	41,779	10,596	4	5	45	7	福
16	7	0	9	0	0	0	1	301	279	0	11	11	0	14	23	16	0	3	4	0	3	19,242	43,071	8,872	3	11	76	9	狛
16	11	0	5	0	0	0	1	355	336	0	7	12	0	19	26	19	0	3	5	0	4	10,533	59,513	15,194	4	10	75	11	東
2	1	0	1	0	0	0	1	88	84	0	2	2	0	16	4	3	0	0	1	0	4	7,410	51,898	12,939	3	2	11	3	清
7	3	1	3	0	0	0	1	180	164	1	5	10	0	24	12	6	0	1	4	0	5	11,724	72,147	16,721	4	4	24	6	東
10	6	0	4	0	0	0	1	192	184	0	5	2	0	16	12	10	0	1	1	0	4	7,398	51,159	13,997	4	6	40	8	武
30	21	5	5	0	0	0	2	1,022	998	6	12	6	0	38	95	86	3	3	3	0	8	36,490	129,381	39,123	8	14	366	25	多
14	12	2	1	0	0	0	1	426	420	2	2	2	0	16	32	29	1	1	1	0	6	20,042	54,682	14,593	4	9	115	13	稲
6	1	0	5	0	0	0	1	52	43	0	7	2	0	16	6	1	0	5	0	0	3	4,688	45,720	13,497	4	3	7	3	羽
23	8	3	12	0	0	0	1	211	187	4	15	5	0	19	18	10	2	4	2	0	4	6,260	60,658	15,173	4	12	38	11	あ
15	8	0	6	0	1	0	1	417	386	0	9	21	0	40	28	17	0	3	8	0	9	28,301	127,759	31,227	7	12	75	12	西
3	1	0	2	0	0	0	1	54	51	0	3	1	0	10	3	2	0	1	0	0	2	2,188	33,909	10,651	3	1	7	2	瑞
8	2	3	3	0	0	0	1	47	38	4	4	1	0	4	5	2	2	1	0	0	1	1,568	15,893	4,655	1	4	8	5	日
2	0	2	0	0	0	0	0	2	0	2	0	0	0	0	1	0	1	0	0	0	0	89	2,688	562	0	0	1	1	檜
0	0	0	0	0	0	0	0	0	0	0	0	0	0	0	0	0	0	0	0	0	0	39	6,036	1,480	0	0	0	0	奥
1,192	792	55	331	0	14	0	50	20,248	18,611	68	1,053	498	17	1,074	2,149	1,624	34	295	194	2	234	720,607	3,239,826	923,490	693	660	6,221	700	多
5,875	3,330	101	2,355	0	87	2	185	108,341	95,256	127	9,811	2,988	160	4,622	12,946	8,961	63	2,740	1,165	17	1,006	3,200,981	13,874,939	4,714,314	5,991	2,971	33,222	3,121	都

1-4　地震被害の歴史

1-4-1　過去100年の地震被害の歴史

　気象庁ホームページでは、「明治以降1995年までに、我が国で100人以上の死者・行方不明者を出した地震・津波」「日本付近で発生した主な被害地震（平成8年以降）」について、整理されている。
　気象庁ホームページに基づき、過去100年の地震被害の歴史について、整理した。

表 1.23　過去 100 年の地震被害の歴史①

発生年月日	震央地名・地震名	M	最大震度	津波	人的被害	物的被害
令和2年(2020年)9月4日	福井県嶺北	5	5弱		負 13	なし【令和2年9月11日現在】
令和2年(2020年)6月25日	千葉県東方沖	6.1	5弱		負 2	なし【令和2年7月2日現在】
令和2年(2020年)3月13日	石川県能登地方	5.5	5強		負 2	なし【令和2年3月23日現在】
令和元年(2019年)8月4日	福島県沖	6.4	5弱		負 1	なし【令和元年8月13日現在】
令和元年(2019年)6月18日	山形県沖	6.7	6強	11cm	負 43	住家半壊 35棟 住家一部破損 1619棟など【令和2年2月4日現在】
令和元年(2019年)5月25日	千葉県北東部	5.1	5弱		負 1	なし【令和元年6月3日現在】
令和元年(2019年)5月10日	日向灘	6.3	5弱		負 2	なし【令和元年5月17日現在】
平成31年(2019年)2月21日	胆振地方中東部	5.8	6弱		負 6	住家一部破損 19棟【令和元年12月5日現在】
平成31年(2019年)1月3日	熊本県熊本地方	5.1	6弱		負 4	住家一部破損 60棟【令和元年12月5日現在】
平成30年(2018年)9月6日	胆振地方中東部 平成30年北海道胆振東部地震	6.7	7		死 43 負 782	住家全壊 469棟 住家半壊 1,660棟 住家一部破損 13,849棟など【令和元年8月20日現在】
平成30年(2018年)6月18日	大阪府北部	6.1	6弱		死 6 負 462	住家全壊 21棟 住家半壊 483棟 住家一部破損 61,266棟など【令和元年8月20日現在】
平成30年(2018年)4月9日	島根県西部	6.1	5強		負 9	住家全壊 16棟 住家半壊 58棟 住家一部破損 556棟など【令和元年8月20日現在】
平成29年(2017年)10月6日	福島県沖	5.9	5弱		負 1	なし【平成29年10月13日現在】
平成29年(2017年)7月11日	鹿児島湾	5.3	5強		負 1	住家一部破損 3棟【平成30年1月30日現在】
平成29年(2017年)7月1日	胆振地方中東部	5.1	5弱		負 1	なし【平成29年7月10日現在】
平成29年(2017年)6月25日	長野県南部	5.6	5強		負 2	住家全壊 1棟 住家一部破損 30棟など【平成30年1月30日現在】
平成28年(2016年)12月28日	茨城県北部	6.3	6弱		負 2	住家半壊 1棟 住家一部破損 25棟【平成29年11月9日現在】
平成28年(2016年)11月22日	福島県沖	7.4	5弱	144cm	負 21	住家一部破損 9棟【平成29年11月9日現在】
平成28年(2016年)10月21日	鳥取県中部	6.6	6弱		負 32	住家全壊 18棟 住家半壊 312棟 住家一部破損 15,095棟など【平成30年3月22日現在】
平成28年(2016年)6月16日	内浦湾	5.3	6弱		負 1	住家一部破損 3棟【平成28年6月20日現在】
平成28年(2016年)5月16日	茨城県南部	5.5	5弱		負 1	住家一部破損 2棟【平成29年11月9日現在】
平成28年(2016年)4月14日〜	熊本県熊本地方など 平成28年(2016年)熊本地震	7.3	7		死 273 負 2,809	住家全壊 8,667棟 住家半壊 34,719棟 住家一部破損 162,500棟など【平成31年4月12日現在】
平成28年(2016年)1月14日	浦河沖	6.7	5弱		負 2	非住家公共建物1棟【平成29年2月21日現在】
平成27年(2015年)9月12日	東京湾	5.2	5弱		負 11	非住家公共建物1棟
平成27年(2015年)7月13日	大分県南部	5.7	5強		負 3	住家一部破損 3棟など
平成27年(2015年)7月10日	岩手県内陸北部	5.7	5弱		負 2	なし
平成27年(2015年)5月30日	小笠原諸島西方沖	8.1	5強		負 8	住家一部破損 2棟など
平成27年(2015年)5月25日	埼玉県北部	5.5	5弱		負 3	住家一部破損 2棟など

出典：気象庁ホームページ　https://www.data.jma.go.jp/svd/eqev/data/higai/higai-1995.html

表 1.24　過去 100 年の地震被害の歴史②

発生年月日	震央地名・地震名	M	最大震度	津波	人的被害	物的被害
平成26年(2014年)11月22日	長野県北部	6.7	6弱		負46	住家全壊 77棟 住家半壊 137棟 住家一部破損 1,626棟など 【平成27年1月5日現在】
平成26年(2014年)9月16日	茨城県南部	5.6	5弱		負10	住家一部破損 1,060棟
平成26年(2014年)7月12日	福島県沖	7	4	17cm	負1	なし
平成26年(2014年)7月8日	胆振地方中東部	5.6	5弱		負3	なし
平成26年(2014年)7月5日	岩手県沖	5.9	5弱		負1	なし
平成26年(2014年)5月5日	伊豆大島近海	6	5弱		負15	なし
平成26年(2014年)3月14日	伊予灘	6.2	5強		負21	住家一部破損 57棟
平成25年(2013年)10月26日	福島県沖	7.1	4	36cm	負1	なし 【平成25年10月26日現在】
平成25年(2013年)9月20日	福島県浜通り	5.9	5強		負2	住家一部破損 2棟
平成25年(2013年)8月4日	宮城県沖	6	5強		負4	なし
平成25年(2013年)4月17日	宮城県沖	5.9	5弱		負1	なし
平成25年(2013年)4月17日	三宅島近海	6.2	5強		負1	なし
平成25年(2013年)4月13日	淡路島付近	6.3	6弱		負35	住家全壊 8棟 住家半壊 101棟 住家一部破損 8,305棟など
平成25年(2013年)2月2日	十勝地方南部	6.5	5強		負14	住家一部破損 1棟
平成24年(2012年)12月7日	三陸沖	7.3	5強	98cm	死1 負15	住家一部破損 1棟
平成24年(2012年)8月30日	宮城県沖	5.6	5強		負4	なし
平成24年(2012年)7月10日	長野県北部	5.2	5弱		負3	住家一部破損 9棟など
平成24年(2012年)3月27日	岩手県沖	6.6	5弱		負2	なし
平成24年(2012年)3月14日	千葉県東方沖	6.1	5強		死1 負1	住家一部損壊 3棟など
平成24年(2012年)3月1日	茨城県沖	5.3	5弱		負1	なし
平成24年(2012年)1月28日	山梨県東部・富士五湖	5.4	5弱		負1	なし
平成23年(2011年)12月14日	岐阜県美濃東部	5.1	4		負1	なし
平成23年(2011年)11月21日	広島県北部	5.4	5弱		負2	なし
平成23年(2011年)11月20日	茨城県北部	5.3	5強		負1	なし
平成23年(2011年)8月19日	福島県沖	6.5	5弱		負2	なし
平成23年(2011年)8月1日	駿河湾	6.2	5弱		負13	住家一部損壊 15棟など
平成23年(2011年)7月31日	福島県沖	6.5	5強		負11	なし
平成23年(2011年)6月30日	長野県中部	5.4	5強		死1 負17	住家半壊 24棟 住家一部損壊 6,117棟
平成23年(2011年)4月16日	茨城県南部	5.9	5強		負6	なし
平成23年(2011年)4月12日	福島県中通り	6.4	6弱		負1	
平成23年(2011年)4月11日	福島県浜通り	7	6弱		死4 負10	
平成23年(2011年)4月7日	宮城県沖	7.2	6強		死4 負296②	
平成23年(2011年)4月1日	秋田県内陸北部	5	5強		負1	住家一部破損 1棟 【平成24年9月11日現在】
平成23年(2011年)3月15日	静岡県東部	6.4	6強		負80	住家半壊 18棟 住家一部破損 3475棟 【平成24年9月11日現在】
平成23年(2011年)3月12日	長野県・新潟県県境付近	6.7	6強		死3 負57	住家全壊 73棟 住家半壊 427棟など 【平成29年3月31日現在】
平成23年(2011年)3月11日	三陸沖 平成23年(2011年) 東北地方太平洋沖地震 (東日本大震災)	9	7	9.3m以上	死 19,729 不明 2,559 負 6,233	住家全壊 121,996棟 住家半壊 282,941棟 住家一部破損 748,461棟 など 【令和2年3月1日現在】
平成23年(2011年)3月9日	三陸沖	7.3	5弱	55cm	負2	住家一部破損 1棟など 【平成23年3月10日現在】
平成22年(2010年)7月4日	岩手県内陸南部	5.2	4		負1	なし
平成22年(2010年)5月1日	新潟県中越地方	4.9	4		負1	店舗(非住家)でガラス数枚破損
平成22年(2010年)3月14日	福島県沖	6.7	5弱		負1	住家一部破損 2棟
平成22年(2010年)3月13日	福島県沖	5.5	4		負2	なし
平成22年(2010年)2月27日	沖縄本島近海	7.2	5弱	0.1m	負2	住家一部破損 4棟
平成21年(2009年)12月18日 平成21年(2009年)12月17日	伊豆半島東方沖	5.1 5	5弱 5弱		負7	住家一部破損 278棟
平成21年(2009年)8月11日	駿河湾	6.5	6弱	36cm	死1 負319	住家半壊 6棟 住家一部破損 8,672棟

出典：気象庁ホームページ　https://www.data.jma.go.jp/svd/eqev/data/higai/higai-1995.html

44

表 1.25　過去 100 年の地震被害の歴史③

発生年月日	震央地名・地震名	M	最大震度	津波	人的被害	物的被害
平成20年（2008年）7月24日	岩手県沿岸北部	6.8	6弱		死1 負211	住家全壊1棟 住家一部破損379棟
平成20年（2008年）6月14日	岩手県内陸南部 平成20年（2008年） 岩手・宮城内陸地震	7.2	6強		死17 不明6 負426	住家全壊30棟 住家半壊146棟など
平成20年（2008年）6月13日	長野県南部	4.7	4		負1	なし
平成20年（2008年）5月8日	茨城県沖	7	5弱		負6	なし
平成20年（2008年）4月29日	青森県東方沖	5.7	4		負2	なし
平成20年（2008年）3月8日	茨城県北部	5.2	4		負1	なし
平成19年（2007年）10月1日	神奈川県西部	4.9	5強		負2	住家一部破損5棟
平成19年（2007年）8月18日	千葉県南部	4.8	5弱		負1	なし
平成19年（2007年）8月16日	千葉県東方沖	5.3	4		負1	なし
平成19年（2007年）7月16日	新潟県上中越沖 平成19年（2007年） 新潟県中越沖地震	6.8	6強	32cm	死15 負2,346	住家全壊1,331棟 住家半壊5,710棟 住家一部破損37,633棟など
平成19年（2007年）6月6日	大分県中部	4.9	4		負1	水道管漏水3戸
平成19年（2007年）4月15日	三重県中部	5.4	5強		負13	住家一部破損122棟
平成19年（2007年）3月25日	能登半島沖 平成19年（2007年） 能登半島地震	6.9	6強	22cm	死1 負356	住家全壊686棟 住家半壊1,740棟など
平成18年（2006年）6月12日	大分県西部	6.2	5弱		負8	住家一部破損5棟
平成18年（2006年）5月15日	和歌山県北部	4.5	4		負1	ブロック塀倒壊など
平成18年（2006年）4月22日	宮城県沖	4.6	4		負1	なし
平成18年（2006年）4月21日	伊豆半島東方沖	5.8	4		負3	水道管漏水6戸など
平成27年（2015年）9月12日	東京湾	5.2	5弱		負11	非住家公共建物1棟
平成27年（2015年）7月13日	大分県南部	5.7	5強		負3	住家一部破損3棟など
平成27年（2015年）7月10日	岩手県内陸北部	5.7	5弱		負2	なし
平成27年（2015年）5月30日	小笠原諸島西方沖	8.1	5強		負8	住家一部破損2棟など
平成27年（2015年）5月25日	埼玉県北部	5.5	5弱		負3	住家一部破損2棟など
平成26年（2014年）11月22日	長野県北部	6.7	6弱		負46	住家全壊77棟 住家半壊137棟 住家一部破損1,626棟など 【平成27年1月5日現在】
平成26年（2014年）9月16日	茨城県南部	5.6	5弱		負10	住家一部破損1,060棟
平成26年（2014年）7月12日	福島県沖	7	4	17cm	負1	なし
平成26年（2014年）7月8日	胆振地方中東部	5.6	5弱		負3	なし
平成26年（2014年）7月5日	岩手県沖	5.9	5弱		負1	なし
平成26年（2014年）5月5日	伊豆大島近海	6	5弱		負15	なし
平成26年（2014年）3月14日	伊予灘	6.2	5強		負21	住家一部破損57棟
平成25年（2013年）10月26日	福島県沖	7.1	4	36cm	負1	なし 【平成25年10月26日現在】
平成25年（2013年）9月20日	福島県浜通り	5.9	5強		負2	住家一部破損2棟
平成25年（2013年）8月4日	宮城県沖	6	5強		負4	なし
平成25年（2013年）4月17日	宮城県沖	5.9	5弱		負2	なし
平成25年（2013年）4月17日	三宅島近海	6.2	5強		負1	なし
平成25年（2013年）4月13日	淡路島付近	6.3	6弱		負35	住家全壊8棟 住家半壊101棟 住家一部破損8,305棟など
平成25年（2013年）2月2日	十勝地方南部	6.5	5強		負14	住家一部破損1棟
平成24年（2012年）12月7日	三陸沖	7.3	5弱	98cm	死1 負15	住家一部破損1棟
平成24年（2012年）8月30日	宮城県沖	5.6	5強		負4	なし
平成24年（2012年）7月10日	長野県北部	5.2	5弱		負3	住家一部破損9棟など
平成24年（2012年）3月27日	岩手県沖	6.6	5弱		負2	なし
平成24年（2012年）3月14日	千葉県東方沖	6.1	5強		死1 負1	住家一部損壊3棟など
平成24年（2012年）3月1日	茨城県沖	5.3	5弱		負1	なし
平成24年（2012年）1月28日	山梨県東部・富士五湖	5.4	5弱		負1	なし
平成23年（2011年）12月14日	岐阜県美濃東部	5.1	4		負1	なし
平成23年（2011年）11月21日	広島県北部	5.4	5弱		負2	なし
平成23年（2011年）11月20日	茨城県北部	5.3	5強		負1	なし
平成23年（2011年）8月19日	福島県沖	6.5	5弱		負2	なし
平成23年（2011年）8月1日	駿河湾	6.2	5弱		負13	住家一部損壊15棟など
平成23年（2011年）7月31日	福島県沖	6.5	5強		負11	なし
平成23年（2011年）6月30日	長野県中部	5.4	5強		死1 負17	住家半壊24棟 住家一部損壊6,117棟など
平成23年（2011年）4月16日	茨城県南部	5.9	5強		負6	なし
平成23年（2011年）4月12日	福島県中通り	6.4	6弱		負1	

出典：気象庁ホームページ　https://www.data.jma.go.jp/svd/eqev/data/higai/higai-1995.html

表 1.26 過去 100 年の地震被害の歴史④

発生年月日	震央地名・地震名	M	最大震度	津波	人的被害	物的被害
平成23年（2011年）4月11日	福島県浜通り	7	6弱		死4 負10	
平成23年（2011年）4月7日	宮城県沖	7.2	6強		死4 負296	
平成23年（2011年）4月1日	秋田県内陸北部	5	5強		負1	住家一部破損1棟 【平成24年9月11日現在】
平成23年（2011年）3月15日	静岡県東部	6.4	6強		負80	住家半壊18棟 住家一部破損3475棟 【平成24年9月11日現在】
平成23年（2011年）3月12日	長野県・新潟県県境付近	6.7	6強		死3 負57	住家全壊73棟 住家半壊427棟など 【平成29年3月31日現在】
平成23年（2011年）3月11日	三陸沖 平成23年（2011年）東北地方太平洋沖地震（東日本大震災）	9	7	9.3m以上	死19,729 不明2,559 負6,233	住家全壊121,996棟 住家半壊282,941棟 住家一部破損748,461棟 など 【令和2年3月1日現在】
平成23年（2011年）3月9日	三陸沖	7.3	5弱	55cm	負2	住家一部破損1棟など 【平成23年3月10日現在】
平成22年（2010年）7月4日	岩手県内陸南部	5.2	4		負1	なし
平成22年（2010年）5月1日	新潟県中越地方	4.9	4		負1	店舗（非住家）でガラス数枚破損
平成22年（2010年）3月14日	福島県沖	6.7	5弱		負1	住家一部破損2棟
平成22年（2010年）3月13日	福島県沖	5.5	4		負2	なし
平成22年（2010年）2月27日	沖縄本島近海	7.2	5弱	0.1m	負2	住家一部破損4棟
平成21年（2009年）12月18日 平成21年（2009年）12月17日	伊豆半島東方沖	5.1 5	5弱 5弱		負7	住家一部破損278棟
平成21年（2009年）8月11日	駿河湾	6.5	6弱	36cm	死1 負319	住家半壊6棟 住家一部破損8,672棟
平成20年（2008年）7月24日	岩手県沿岸北部	6.8	6弱		死1 負211	住家全壊1棟 住家一部破損379棟
平成20年（2008年）6月14日	岩手県内陸南部 平成20年（2008年）岩手・宮城内陸地震	7.2	6強		死17 不明6 負426	住家全壊30棟 住家半壊146棟など
平成20年（2008年）6月13日	長野県南部	4.7	4		負1	なし
平成20年（2008年）5月8日	茨城県沖	7	5弱		負6	なし
平成20年（2008年）4月29日	青森県東方沖	5.7	4		負2	なし
平成20年（2008年）3月8日	茨城県北部	5.2	4		負1	なし
平成19年（2007年）10月1日	神奈川県西部	4.9	5強		負2	住家一部破損5棟
平成19年（2007年）8月18日	千葉県南部	4.8	5弱		負1	なし
平成19年（2007年）8月16日	千葉県東方沖	5.3	4		負1	なし
平成19年（2007年）7月16日	新潟県上中越沖 平成19年（2007年）新潟県中越沖地震	6.8	6強	32cm	死15 負2,346	住家全壊1,331棟 住家半壊5,710棟 住家一部破損37,633棟など
平成19年（2007年）6月6日	大分県中部	4.9	4		負1	水道管漏水3戸
平成19年（2007年）4月15日	三重県中部	5.4	5強		負13	住家一部破損122棟
平成19年（2007年）3月25日	能登半島沖 平成19年（2007年）能登半島地震	6.9	6強	22cm	死1 負356	住家全壊686棟 住家半壊1,740棟など
平成18年（2006年）6月12日	大分県西部	6.2	5弱		負8	住家一部破損5棟
平成18年（2006年）5月15日	和歌山県北部	4.5	4		負1	ブロック塀倒壊 など
平成18年（2006年）4月22日	宮城県沖	4.6	4		負1	なし
平成18年（2006年）4月21日	伊豆半島東方沖	5.8	4		負3	水道管漏水6戸など
平成7(1995)年1月17日	兵庫県南部地震（阪神・淡路大震災）	7.3	7	○	死者6,434、不明3	―
平成5(1993)年7月12日	北海道南西沖地震	7.8	5	○	死者202、不明28	―
昭和58(1983)年5月26日	日本海中部地震	7.7	5	○	死者104	―
昭和35(1960)年5月23日	チリ地震津波	9.5*	-	○	死・不明142	―
昭和23(1948)年6月28日	福井地震	7.1	6		死者3,769	―
昭和21(1946)年12月21日	南海地震	8	5	○	死・不明	―
昭和20(1945)年1月13日	三河地震	6.8	5	○	死者1,961	―
昭和19(1944)年12月7日	東南海地震	7.9	6	○	死・不明	―
昭和18(1943)年9月10日	鳥取地震	7.2	6		死者1,083	―
昭和8(1933)年3月3日	昭和三陸地震	8.1	5	○	死・不明	―
昭和5(1930)年11月26日	北伊豆地震	7.3	6		死者272	―
昭和2(1927)年3月7日	北丹後地震	7.3	6	○	死者2,912	―
大正12(1923)年9月1日	関東地震（関東大震災）	7.9	6	○	死・不明10万5千余	―

出典：気象庁ホームページ　https://www.data.jma.go.jp/svd/eqev/data/higai/higai-1995.html

1-4-2　都心における地震被害

（1）関東大震災

　　ここでは、「災害教訓の継承に関する専門調査会報告書　平成18年7月　1923 関東大震災」より、関東大震災の地震被害について整理した。

①被害の全体像

・1923（大正12）年9月1日正午2分前に発生した関東大地震はマグニチュード7.9と推定される、近代化した首都圏を襲った唯一の巨大地震であり、南関東から東海地域に及ぶ地域に広範な被害が発生した。死者105,385、全潰全焼流出家屋293,387に上り、電気、水道、道路、鉄道等のライフラインにも甚大な被害が発生した。

②地震の発生機構

・関東大地震は、地殻を構成するプレート同士が、接触面で一気にずれ動くことにより生じた地震であって、震源域の近い地震としては元禄16（1703）年の元禄地震（推定マグニチュード8.2）があり、このような巨大地震の発生間隔は200〜400年と推定されている。

③地変と津波

・関東南部、特に神奈川県西部及び千葉県の房総地域においては、地震やその直後の大雨により、崩壊や地すべり、土石流などによる土砂災害が多数発生し、特に今の小田原市根府川では土石流により埋没64戸、死者406人という被害が発生したが、沖積低地や都心部の建物崩壊や火災の陰に隠れてあまり社会的関心をもたれなかった。

・東京湾岸部の干拓地や埋め立て地、相模川、荒川、古利根川などの河川沿いの低地においては地盤の液状化が起こり、地盤の陥没や地割れ、建物の沈下、傾斜、地下水や砂の噴出などの現象が起こった。

・相模湾周辺と房総半島の南端では最大高さ12m（熱海）、9m（館山）の津波が起こったが、各地で元禄地震や安政元（1854）年の東海地震の津波による災害経験が生かされ、地震直後の適切な避難行動により人的被害が最小限に食い止められた地域もあった。

④揺れと被害

・震度7の地域は震源近くに分布しているが、震度6弱以上の地域をみると、震源から離れていても1,000年前の利根川、荒川の流路に沿って分布している。より細かくみると、かつての沼沢地や河川の流路だったところは震度が高くなる傾向がある。

・地震により米国流や煉瓦造りのビルが倒壊したのに対して、日本流の耐震設計のビルが被害軽微であったことを契機として、地震の翌年の1924（大正13）年に市街地建築物法の構造強度規定が改正され、世界で初めての法令による地震力規定が誕生した。

・当時日本列島には既に世界的にみてももっとも密度の高い地震観測網がしかれていた。濃尾地震を契機に設置された震災予防調査会は報告第100号を出して解散し、その事業は東京大学地震研究所に引き継がれた。

⑤火災被害の実態と特徴

・震災前の防火体制は人民保護を担う警察行政の一環とされてきた。

・装備は当時の最新のものがおかれていたが水源を水道に頼っており、断水と火災の同時多発には対応できなかった。

・地震が昼食時に起こったこともあり竈（かまど）、七輪から同時多発的に火災が発生し、水道が断水したため最新の装備も役に立たず、おりからの強風によって火災はたちまち延焼し、消防能力を超えた。さらに避難者の家財などが延焼促進要因になった。逆に焼け止まりの原因をみると、破壊消防を含む消火活動や、広場や道路などの空地の効用がわかる。

・火災被害では東京市の本所被服廠跡地の悲劇が有名であるが、その原因といわれる火災旋風についてはまだ研究すべき点が残っている。横浜市においても市街地全域が焼失し、石油タンクの火災は 12 日間も続いた。

出典：「災害教訓の継承に関する専門調査会報告書　平成 18 年 7 月　1923 関東大震災」

　　　http://www.bousai.go.jp/kyoiku/kyokun/saikyoushiryo.htm

（２）阪神・淡路大震災

　ここでは、「阪神・淡路大震災復興誌（総理府 阪神・淡路復興対策本部事務局、平成 12 年 2 月）」より、阪神・淡路大震災の地震被害について整理した。

1）地震の概要

　平成 7 年 1 月 17 日午前 5 時 46 分、淡路島北部の北緯 34 度 36 分、東経 135 度 02 分、深さ 16km を震源とするマグニチュード 7.2 の地震が発生した。この地震により、神戸と洲本で震度 6 を、豊岡、彦根、京都で震度 5 を、大阪、姫路、和歌山などで震度 4 を観測したほか、東北から九州にかけて広い範囲で有感となった。また、この地震の発生直後に行った気象庁地震機動観測班による被害状況調査の結果、神戸市の一部の地域等においては、震度 7 であったことがわかった。

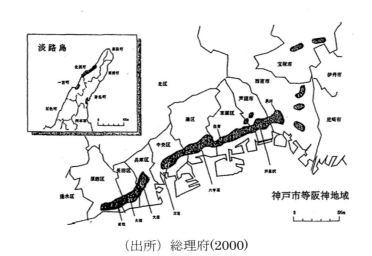

（出所）総理府(2000)

図 1.20　現地調査による震度 7 の分布

2）各地の深度

震度 7　神戸市須磨区鷹取・長田区大橋・兵庫区大関・中央区三宮・灘区六甲道-東灘区住吉、芦屋市芦屋駅付近、西宮市夙川付近等のほぼ帯状の地域や、宝塚市の一部及び淡路島の東北部の北淡町、一宮町、津名町の一部の地域（地震発生直後に行った気象庁地震機動観測班による現地被害状況調査の結果判明）

震度 6　神戸、洲本

震度 5　豊岡、彦根、京都

震度 4　奈良、津、敦賀、福井、上野、四日市、岐阜、呉、境、高知、福山、鳥取、多度津、徳島、岡山、高松、大阪、舞鶴、姫路、和歌山、津山、加西、相生、南部川、坂出、多賀、美方、高野山

震度 3　大分、名古屋、輪島、金沢、飯田、富山、伊良湖、尾鷲、萩、山口、西郷、広島、松山、室戸岬、米子、松江、潮岬、諏訪

震度 2　高田、長野、軽井沢、松本、横浜、甲府、持口湖、三島、静岡、御前崎、浜松、伏木、高山、宇和島、稲毛、下関、日田、宮崎、都城、佐賀、熊本、人吉

震度 1　小名浜、新潟、水戸、柿間、宇都宮、前橋、熊谷、秩父、東京、千葉、館山、網代、神津島、浜田、足摺、延岡、福岡、平戸、鹿児島、阿蘇山

３）被害の状況

　阪神・淡路大震災は、我が国において、社会経済的な諸機能が高度に集積する都市を直撃した初めての直下型地震であり、死者 6,400 名余、負傷者 4 万 3,700 名余に上る甚大な人的被害をもたらした。

　さらに、各種の応急・復旧活動を迅速かつ的確に展開する行政機関等の中枢機能が自ら被災するとともに、交通路、港湾施設等のインフラ施設、水道、通信、電気等ライフライン施設など各種の機能が著しく損壊した災害であった。

①　人的被害の概要

　阪神・淡路大震災による人的被害は、死者 6,432 名(災害発生後相当期間を経て疾病等により死亡したいわゆる関連死 912 名を含む)、行方不明者 3 名、負傷者 4 万 3,792 名と、戦後最大の被害となった。（平成 12 年 1 月 11 日現在）

　この災害による死者を、都道府県別にみると、兵庫県において 6,400 人で、全体の 99％と被害が集中している。これを市町村別にみると、震度 7 を記録した神戸市が 4,564 人で全体の約 71％と、最も大きな被害を受けている。

表 1.27 府県別死者・行方不明者・負傷者の状況（単位：人）

府　県	死　者	行方不明者	負　傷　者
兵 庫 県	6,400	3	40,092
大 阪 府	31		3,589
京 都 府	1		49
徳 島 県			21
奈 良 県			12
滋 賀 県			9
和歌山県			7
香 川 県			7
岐 阜 県			2
三 重 県			1
高 知 県			1
鳥 取 県			1
岡 山 県			1
計	6,432	3	43,792

（消防庁調べ　平成12年1月11日現在）

（出所）総理府(2000)

表 1.28 市町村別死者・行方不明者・負傷者の状況（単位：人）

府　県	市 町 村	死　者	行方不明者	負　傷　者
兵庫県	神 戸 市	4,564	2	14,678
	尼 崎 市	49		7,145
	西 宮 市	1,126	1	6,386
	芦 屋 市	442		3,175
	伊 丹 市	22		2,716
	宝 塚 市	117		2,201
	川 西 市	4		551
	明 石 市	10		1,884
	加古川市	2		15
	三 木 市	1		19
	高 砂 市	1		8
	洲 本 市	4		44
	津 名 町	5		42
	淡 路 町	1		57
	北 淡 町	39		870
	一 宮 町	13		162
大阪府	大 阪 市	18		357
	豊 中 市	9		2,496
	池 田 市	1		168
	吹 田 市	1		21
	箕 面 市	1		63
	堺　　市	1		50
京都府	大山崎町	1		3
その他の市町村				681
計		6,432	3	43,792

（事務局調べ 平成12年1月11日現在）

（出所）総理府(2000)

②火災及び液状化の発生

　地震発生直後から各地域において、火災が同時多発的に発生しており、特に神戸市内が、多数の火災により大きな被害を受けた。火災は、兵庫県、大阪府、京都府及び奈良県において発生しており、発生件数は 285 件であり、被害は全体で焼損棟数 7,483 棟、焼床面積 83 万 4,663m² となっている。火災の発生原因としては、早朝から火気を使用する市場関係や商店などからの出火、建物の倒壊による出火、電気設備・器具からの出火などが報告されている。

　また、この地震により、瀬戸内海沿岸の地域を中心に大規模な液状化が発生した。この影響により平坦地においては地盤の沈下、沿岸地域では地盤水平移動が生起し、これに伴う港湾の被害、ライフライン等の埋設物被害、橋脚の損壊等が発生した。特に、神戸市のポートアイランドや六甲アイランドなどの埋め立て地及び臨海地区においては、液状化による噴砂現象がいたるところで発生し、黄土色の水を含んだ泥砂で覆われた。

表 1.29　府県別火災発生状況

府　県	火災発生件数	焼 損 棟 数	焼損面積（m²）
兵 庫 県	251	7,443	832,151
大 阪 府	32	37	2,492
京 都 府	1	2	20
奈 良 県	1	1	
計	285	7,483	834,663

（消防庁調べ　平成12年1月11日現在）

（出所）総理府(2000)

③住家の被害

　住家については、全壊が約 10 万 5 千棟、半壊が約 14 万 4 千棟にのぼる大きな被害が生じた。

　住家被害では、老朽木造家屋の全壊及び 1 階部分が倒壊した事例が多く、一方、外見上の損傷がなくとも基礎部分を含む主要構造部が致命的な損傷を受けている。家屋の倒壊は、神戸市から海岸に沿って東側に集中しており、人的被害の発生と地域をほぼ同じくしている。

表 1.30　府県別住家被害の状況（単位：棟）

府　県	全　　壊	全　焼	半　壊	半　焼	計
兵 庫 県	104,004	6,147	136,950	64	247,165
大 阪 府	895	1	7,232	5	8,133
京 都 府	3		6		9
徳 島 県	4		84		88
計	104,906	6,148	144,272	69	255,395

（消防庁調べ　平成12年1月11日現在）

（出所）総理府(2000)

1-5　阪神淡路大震災の教訓

　ここでは、「阪神・淡路大震災復興誌（総理府　阪神・淡路復興対策本部事務局、平成 12 年 2 月）」より、阪神・淡路大震災の教訓について整理した。

●防災軸の整備

　震災では、人的被害や物的被害の大きさに加え、都市機能の麻痺や応急対策の困難が発生したことから、災害に強いまちづくりを進めるためには、都市の骨格を形成する主要な道路、河川等を軸として防災性の高い空間を整備することの重要性が再認識され、これらの整備を積極的に行った。

　避難や緊急輸送に重要な街路については、災害に強い多元・多重の交通ネットワーク形成を補完するものであり、災害時の円滑な交通処理を行うため、救援・救助活動、代替バス用等の緊急、交通路としても機能する街路の整備を行っており、阪神地域では山手幹線、川西猪名川線等の主要な街路の整備を行った。

　また、都市の延焼防止機能を高めるため植栽等緑化を積極的に推進した。

　さらに、延焼を防止し、地域住民の避難路等を確保するため、道路、河川、運河、公園等の公共施設や不燃建築物群による延焼遮断帯を配置し、防災性の向上を図っており、阪神地域では特に重要な防災軸と位置付けられる国道 2 号線の沿線等で都市防災不燃化促進事業により周辺の建築物の不燃化を推進し、防災都市基盤としての骨格となる防災軸の整備を推進した。

●防災安全街区の整備

　建設省においては、震災の教訓を踏まえ、震災に強いまちづくりの推進のため、当面緊急に整備が必要な施設等について基本的な考え方、主要な施策の展開方策等を平成 7 年 4 月に緊急にとりまとめた「震災に強いまちづくり構想」において、防災安全街区の提案を行った。防災安全街区は、地域全体の防災性を向上するため、医療、福祉、行政、避難、備蓄等の機能を有する公共・公益施設を集中立地させた街区として、災害時の拠点機能を維持することを目標に整備を行った。整備においては、土地区画整理事業、市街地再開発事業、街並み・まちづくり総合支援事業、都市公園事業、街路事業等の各種事業を活用した。

●都市公園等の整備

　阪神・淡路大震災では、身近な公園から大規模な公園まで多種多様な都市公園が、避難地、避難路、延焼防止帯、復旧資・機材の基地、自衛隊やボランティア等の救援活動拠点として、さらに情報拠点、仮設住宅地として多様な役割を発揮した。

　一方、我が国の都市は、その多くが軟弱な沖積平野に立地し、また、人口、産業の集中が著しい市街地の多くは、依然として木造家屋が密集しているなど、地震災害に対して極めて脆弱な都市構造となっている。

　このため、阪神・淡路大震災の教訓及び現在の都市の状況を踏まえ、都市公園事業においては、避難地、避難路、防災活動の拠点及び延焼防止帯等を確保し、都市の安全性、防災性の向上を図る観点から、防災公園となる都市公園及び低・未利用地の買収による多様な緑地(グリーンオアシス)の整備を推進しているところである。

特に、大都市の既成市街地等防災上危険性の高い地域においては、防災性を向上する観点から、確保すべき広域避難地等となる防災公園の整備や、公園の防災機能を強化するための緩衝樹林帯や災害応急対策施設（備蓄倉庫、耐震性貯水槽、放送施設、ヘリポート、情報通信施設、係留施設、発電施設、延焼防止のための散水施設）整備を推進しており、さらに、今後も引き続き、防災緑地緊急整備事業や防災公園街区整備事業の活用による防災公園の整備や、グリーンオアシス緊急整備事業による多様な緑地の整備を行い、都市の防災機能の強化を推進する。

第2章　巨大地震対策（南海トラフ巨大地震及び首都直下地震）

2-1　国の地震対策方針

2-1-1　南海トラフ地震対策

ここでは、国で定めている「南海トラフ地震防災対策推進基本計画」（令和元年 5 月 31 日）の概要について示す。

（1）基本的方針

基本的方針では、南海トラフ地震は、我が国で発生する最大級の地震であり、その大きな特徴として、①極めて広域にわたり、強い揺れと巨大な津波が発生すること、②津波の到達時間が極めて短い地域が存在すること、③時間差をおいて複数の巨大地震が発生する可能性があること、④これらのことから、その被害は広域かつ甚大となること、⑤南海トラフ巨大地震となった場合には、被災の範囲は超広域にわたり、その被害はこれまで想定されてきた地震とは全く様相が異なると考えられること等が挙げられる。このため、これらの特徴を踏まえ、これまでの地震・津波対策の延長上では十分な対応が困難となる場合があることも考慮しつつ、国、地方公共団体、地域住民等、様々な主体が連携をとって計画的かつ速やかに防災対策を推進する必要があるとされている。

甚大な被害への対応として、以下の事項が挙げられている。

○南海トラフ巨大地震では、地震の揺れとそれに伴う火災による建物等の被害が、これまでの記録に残る地震災害とは次元の異なる甚大な規模であり、救助・救急活動、避難者への対応、経済全体への影響など、対応を誤れば、社会の破綻を招きかねないため、人的・物的両面にわたって、被害の絶対量を減らすという観点から、事前防災の取組が極めて重要である。

○建築物の耐震化対策は、これまでの取組により、一定の成果は見られているが、改めて、南海トラフ地震対策として、国、地方公共団体等は、人的・物的被害双方の軽減につながる耐震化を推進する。

○この場合、建築物全体の耐震化に加え、居住空間内の「揺れへの強靱さ」という観点での対策も推進する。

○「揺れ」に伴う火災に対しても、火災が多数発生した場合の消火活動の困難さを考慮し、「火災を発生させない」、「火災が発生しても延焼を拡大させない」ことを目的とする事前の対策を推進する。

○経済活動の継続を確保する観点からも、工場や事業所等における揺れや火災への対策を推進する。

○ライフラインやインフラの事業者は、あらゆる応急対策の前提として、ライフラインやインフラの被災量を減らし、早期復旧を図るための対策を推進する。

（2）地震防災対策の基本的な施策

人的被害の軽減に関しては、想定される死者数を約 33 万 2 千人から今後 10 年間で概ね 8 割減少させること、また、物的被害の軽減に関し、想定される建築物の全壊棟数を約 250 万棟から今後 10 年間で概ね 5 割減少させることを減災目標としている。

減災目標を達成するための様々な施策について、具体目標又は定性的な目標を掲げており、具体目標は、基本的に平成26年度から10年間で達成すべき目標をとりまとめている。

　以下、建築物の耐震化等、火災対策について、対策を抜粋して掲載する。

【建築物の耐震化等】

o建築物の被害は、津波による浸水地域以外では死傷者発生の主要因であり、さらに出火・火災延焼、避難者の発生、救助活動の妨げ、災害廃棄物の発生等の被害拡大の要因でもある。国、地方公共団体等は、膨大な被害量をできる限り減少させるために、住宅、学校、医療施設、公共施設等の建築物の耐震化、建築物の屋内の安全確保、緊急地震速報の的確な提供等に重点的に取り組む。

＜目標＞

①住宅等の耐震化【国土交通省】

・昭和56年以前に建築された建築物には十分な耐震性を有していないものがあることから、引き続き、耐震化の必要性に関する所有者等への普及啓発や、耐震改修等に対する支援等の取組みを地方公共団体と連携して進め、住宅及び多数の者が利用する建築物の耐震化を図る。

【具体目標】

・住宅の耐震化率平成27年90%、令和2年95%、令和7年までに耐震性が不十分な住宅を概ね解消（全国）することを目指す。（平成20年推計値約79%（全国））

・多数の者が利用する建築物の耐震化率平成27年90%、令和2年95%（全国）を目指す。（平成20年推計値約80%（全国））なお、耐震診断義務付け対象建築物については、令和7年を目途に耐震性が不十分なものを概ね解消（全国）することを目指す。

②家具の固定【内閣府、消防庁】

・住宅内の安全確保のため、「住宅における地震被害軽減の指針」の普及を図るとともに、ウェブサイト、パンフレットなどにより家具の固定についての周知を図る。

【具体目標】

・家具の固定率65%（全国）を目指す。（平成25年度40%（全国））

③学校の耐震化【文部科学省】

・地震発生時における児童・生徒等の安全を確保するとともに、地域住民の安全な避難所等の役割を担う学校施設の耐震化を図る。また、併せて天井脱落防止対策等の非構造部材の耐震対策を推進する。

【具体目標】

・公立学校については、令和2年度までに耐震化の完了を目指す。（平成30年4月時点99.2%（全国））

・国立大学法人等については、できるだけ早期の耐震化の完了を目指す。なお、学校設置者が令和2年度までに計画している施設の耐震化を完了する。（平成30年8月時点98.7%（全国））

・私立学校については、できるだけ早期の耐震化の完了を目指す。なお、学校設置者が令和2年度までに計画している倒壊又は崩壊する危険性が特に高い施設（Is値0.3未満）の耐震化を概ね完了す

る。（平成 30 年 4 月時点 高等学校等：90.3％、大学等：91.6％（全国））

④医療施設の耐震化【厚生労働省】
・災害時の医療の拠点となる災害拠点病院及び救命救急センターの耐震性が不十分な建物について、耐震補強等を図る。
【具体目標】
・病院の耐震化率について、令和 2 年度までに 80％（全国）を目指す。（平成 29 年 9 月時点 72.9％（全国））
・災害拠点病院及び救命救急センターの耐震化率 95％（全国）を目指す。（平成 29 年 9 月時点 89.4％（全国））

⑤防災拠点となる公共施設等の耐震化【警察庁、消防庁】
・避難所や災害対策の拠点となる公共・公用施設及び不特定多数の者が利用する公共施設等の耐震化を図る。特に、地方公共団体の災害対策本部設置庁舎及び消防庁舎の耐震化の大幅な進捗を図る。
【具体目標】
・第一線警察活動の中核拠点となる警察本部・警察署の耐震化率平成 27 年度 90％、令和 2 年度 97％（全国）を目指す。（平成 24 年度 82％（全国））
・防災拠点となる公共施設等の耐震化率 100％（推進地域の全都府県）を目指す。（平成 24 年度 84.0％（推進地域の全都府県））

⑥官庁施設の耐震化【国土交通省】
・建築基準法に基づく耐震性能を満たしていない官庁施設及び災害応急対策活動の拠点としての所要の耐震性能を満たしていない官庁施設について、人命の安全の確保を図るとともに、防災機能の強化と災害に強い地域づくりを推進するため、総合的な耐震安全性を確保する。
【具体目標】
・官庁施設について、所要の耐震性能の確保率 100％（全国）を目指す。（平成 24 年度 86％（全国））

【火災対策】

○国及び地方公共団体は、地震時における火災の発生を抑えるため、建築物の不燃化、耐震化を促進する。また、国、地方公共団体、関係事業者は、電気に起因する火災の発生を抑制するための感震ブレーカー等の普及について、重点的に普及を推進すべき地域の選定、感震ブレーカーの有効性・信頼性を確保するための技術的検討、医療機関等の取扱い等について検討を行い、目標を設定して推進するとともに、自動的にガスを遮断する機能を有効に活用した火災対策及び緊急地震速報等を利用した出火防止技術の開発、安全な電熱器具等の購入促進等の安全対策を促進する。さらに、住宅用火災警報器、住宅用消火器等の住宅火災等を防止する機器の普及を促進する。

○国、地方公共団体は、地震に伴い火災が発生した際の初期消火率向上を図るため、住宅用消火器、エアゾール式簡易消火用具の設置等の消火資機材の保有の促進や消火設備の耐震化、家具等の転倒・落下防止対策の実施による防災行動の実施可能率の向上、消火活動を行う常備消防、消防団及び自らの安全が確保できる範囲内で消火活動を行う自主防災組織等の充実、消防水利の確保等を図る。

○都市部の木造住宅密集市街地等では、地震時の建築物の倒壊や火災被害等の物的被害やそれに伴う人的被害が発生しやすい特性がある。このため、地方公共団体は、防災上危険な木造住宅密集市街地の解消等の延焼被害軽減対策に計画的に取り組むとともに、木造住宅密集市街地付近における避難場所や避難路の確保、周知等の避難体制の整備を図る。

<目標> ※住宅等の耐震化及び密集市街地の整備を抜粋して掲載
①住宅等の耐震化【国土交通省】（再掲）
・住宅等の耐震化を図ることにより、建物被害に伴う出火を軽減する。
【具体目標】
・住宅の耐震化率平成27年90%、令和2年95%、令和7年までに耐震性が不十分な住宅を概ね解消（全国）することを目指す。（平成20年推計値約79%（全国））
・多数の者が利用する建築物の耐震化率平成27年90%、令和2年95%（全国）を目指す。（平成20年推計値約80%（全国））なお、耐震診断義務付け対象建築物については、令和7年を目途に耐震性が不十分なものを概ね解消（全国）することを目指す。

②密集市街地の整備【国土交通省】
・避難地・避難路の整備、建築物の不燃化・共同化等を進めることにより、密集市街地において最低限の安全性を確保する。
【具体目標】
・「地震時等に著しく危険な密集市街地」の解消割合を令和2年度までに100%に近づけることを目指す。（平成23年度約4,000ha（推進地域の全市町村））

2-1-2　首都直下地震対策

　ここでは、国で定めている「首都直下地震緊急対策推進基本計画」（令和元年 5 月 31 日）の概要について示す。

（1）基本的方針
　膨大な人的・物的被害への対応として、あらゆる対策の大前提としての耐震化と火災対策が位置付けられている。
　甚大な被害への対応として、以下の事項が挙げられている。

○膨大な人的・物的被害に対応するためには、都市計画の根本に"防災"を置き、地震発生前から地震発生時の被害量を軽減するためのミティゲーション策（減災対策）に計画的に取り組み、"地震に強いまちづくり"を進めることが重要である。

○特に、建築物の被害は、首都直下地震発生時の死者発生の主要因であり、さらに火災の延焼、避難者の発生、救命・救助活動の妨げ、災害廃棄物の発生等の被害拡大の要因でもある。膨大な被害量をできる限り減少させるため、あらゆる対策の大前提として、国、地方公共団体等は、建築物の耐震化の取組を強力に推進する。

○また、首都地域は、木造住宅密集市街地が広域的に連担していることから、極めて大規模な延焼被害や同時多発の市街地火災が発生することが想定される。このため、危険性の高い木造住宅密集市街地等の解消に向けた取組を引き続き推進しつつ、被害を最小限に抑えるため、感震自動消火装置等を備えた電熱器具の普及などの出火防止対策、発災時の速やかな初期消火、常備消防の充実などの消火活動体制の強化を推進する。

○さらに、ライフライン及びインフラについて耐震化・多重化等を進めるとともに、人命に関わる重要施設に係るものについて優先的に復旧できるよう、復旧体制を強化するなど、計画的かつ早急な予防対策を推進する。

（2）地震防災対策の基本的な施策
　首都直下地震の発生に備えた地震防災対策を推進し、人的・物的両面にわたって被害の絶対量を減らすとともに、可能な限り早期の復旧を図るものとしている。
　例えば、東京都区部の南部を震源とする地震が発生した場合、死者数は最大で約 2 万 3 千人、建築物の全壊・焼失棟数は最大で約 61 万棟の被害が発生する可能性があるものと想定されているが、このような人的・物的被害の軽減に関し、死者数及び建築物の全壊・焼失棟数をそれぞれ 10 年間で概ね半減させることを減災目標としている。
　以下、建築物の耐震化等、火災対策について、対策を抜粋して掲載する。

【建築物の耐震化等】

○国〔警察庁、消防庁、文部科学省、厚生労働省、国土交通省〕、都県、市町村等は、建築物の耐震化の取組を強力に推進する。特に、木造住宅密集市街地や緊急輸送道路沿いの建築物、オフィス、店舗、ホテル、旅館等不特定多数の者が利用する建築物の耐震化に重点的に取り組む。

○耐震化を促進する環境整備のため、国〔国土交通省〕、都県及び市町村は、補助制度や税制等の支援策の活用促進により、住宅を始めとする建築物の耐震診断、耐震改修、建て替えを促進するとともに、耐震化に向けた定量的な目標の設定、耐震診断の義務化や所管行政庁による耐震診断結果の公表等を実施する。

○また、庁舎、災害応急対策活動の拠点施設、学校、病院、公民館、駅等、様々な応急対応活動や避難所となり得る公共施設等の耐震化及び耐震化に向けた定量的な目標の設定、天井脱落防止対策等の取組を継続する。

○さらに、家具や家電製品、事務機器等の固定、ブロック塀の倒壊、自動販売機の転倒、ビルの窓ガラスの落下に伴う被災防止等、建築物内外における安全確保及び緊急地震速報の精度向上を推進する。

＜目標＞

①住宅等の耐震化【国土交通省】
・建築物の耐震性の基準は、昭和 56 年に大きく改正されており、それ以前に建築されたものには十分な耐震性を有していないものがあることから、特に生命・財産に係る被害の軽減に大きく関係する住宅及び多数の者が利用する建築物の耐震化を図る。
【具体目標】
・住宅の耐震化率平成 32 年 95％（全国）を目指す。（平成 20 年推計値約 79％（全国））
・多数の者が利用する建築物の耐震化率平成 32 年 95％（全国）を目指す。
（平成 20 年推計値約 80％（全国））

②家具の固定【内閣府、消防庁】
・住宅内の安全確保のため、「住宅における地震被害軽減の指針」の普及を図るとともに、ホームページ、パンフレットなどにより家具の固定についての周知を図る。
【具体目標】
・家具の固定率 65％（全国）を目指す。（平成 25 年度 40％（全国））

③学校の耐震化【文部科学省】
・地震発生時における児童・生徒等の安全を確保するとともに、地域住民の安全な避難所等の役割を担う学校施設の耐震化を図る。また、併せて天井脱落防止対策等の非構造部材の耐震対策を推進する。
【具体目標】
・公立学校については、平成 27 年度までのできるだけ早期の耐震化の完了を目指す。（小中学校：平成 26 年 92.5％（全国）、97.2％（埼玉県）、87.8％（千葉県）、99.3％（東京都）、98.4％（神奈川県））
・国立学校については、「第 3 次国立大学法人等施設整備 5 か年計画」を踏まえ、できるだけ早期の

耐震化の完了を目指す。（平成 26 年 94.2％（全国））

・私立学校については、国公立学校の耐震化の状況を勘案しつつ、できるだけ早期の耐震化の完了を目指す。（大学等：平成 26 年 85.2％（全国）、高校等：平成 26 年 80.6％（全国）、81.0％（埼玉県）、82.5％（千葉県）、92.1％（東京都）、89.8％（神奈川県））

④医療施設の耐震化【厚生労働省】

・災害時の医療の拠点となる災害拠点病院及び救命救急センターの耐震性が不十分な建物について、耐震補強等を図る。

⑤防災拠点となる公共施設等の耐震化【警察庁、消防庁】

・避難所や災害対策の拠点となる公共・公用施設及び不特定多数の者が利用する公共施設等の耐震化を図るとともに、平成 28 年度までに消防庁舎の耐震化を図る。

【具体目標】

・警察本部・警察署の耐震化率平成 30 年度 95％（1 都 3 県）を目指す。（平成 26 年度 84％（1 都 3 県））

・防災拠点となる公共施設等の耐震化率 100％（1 都 3 県）を目指す。（平成 25 年度 2.1％（1 都 3 県））

⑥官庁施設の耐震化【国土交通省】

・建築基準法に基づく耐震性能を満たしていない官庁施設及び災害応急対策活動の拠点としての所要の耐震性能を満たしていない官庁施設について、人命の安全の確保を図るとともに、防災機能の強化と災害に強い地域づくりを推進するため、総合的な耐震安全性を確保する。

【具体目標】

・官庁施設について、所要の耐震性能の確保率 100％を目指す。（平成 25 年度約 88％）

【火災対策】

○国〔内閣府、消防庁、経済産業省〕、都県、市町村及び関係事業者は、電気等に起因する火災の発生を抑制するため、感震自動消火装置等を備えた電熱器具の普及や、市街地延焼火災の発生の危険性の高い地域を中心として、大規模な地震発生時に出火の原因となる可能性のある電力供給やガス供給を速やかに停止する措置を含めた出火防止対策を推進する。電気に起因する火災の発生の抑制については、「感震ブレーカー等の性能評価ガイドライン」等を踏まえながら、当該ガイドラインに適合する感震ブレーカー等の設置の促進や、住民が自宅から避難する際、ブレーカーを落として避難するよう啓発する。

○また、国〔消防庁〕、都県及び市町村は、住宅用火災警報器、住宅用消火器等の住宅火災等を防止する機器の普及を促進する。

○地域においては、初期消火の成功率の向上が極めて重要であり、国〔消防庁、国土交通省〕、都県、市町村等は、常備消防及び地域防災力の中核となる消防団の充実、自身の安全が確保できる範囲内で消火活動を行う自主防災組織の活動体制の充実等による地域防災力の向上、可搬ポンプ等の装備の充実、断水時に利用が可能な簡易なものも含めた防火水槽や防火用水の確保等を推進するとともに、基盤施設の整備が遅れている木造住宅密集市街地での道路拡幅など活動空間の確保を進める。

○また、国〔国土交通省〕、都県及び市町村は、延焼被害の抑制のため、緊急避難場所等として機能する公園等のオープンスペースの確保や河川の整備、安全に避難するための避難路の整備等を進めるとともに、住民等に対して、緊急避難場所の位置や避難経路の周知を行う。加えて、建物の不燃化や危険性の高い木造住宅密集市街地等の解消に向けた取組を継続するなど、避難の安全性の確保と延焼の拡大を防ぐ火災に強い都市づくり、まちづくりを推進する。加えて、電柱の倒壊による道路閉塞を防ぐため、無電柱化の取組を推進する。

○さらに、同時多発市街地火災に至った場合を想定し、効果的かつ効率的な消火活動や、避難行動要支援者を含め住民等の円滑な避難誘導を行うため、地方公共団体による要員の育成や資機材の配備、消防団、自主防災組織等による適切な避難誘導体制の強化、消防水利の整備等を促進する。この際、自主防災組織による初期消火が困難となることを踏まえ、避難のための一定の行動指針を設けるなどの備えを促進する。

＜目標＞　※住宅等の耐震化及び密集市街地の整備を抜粋して掲載
　①住宅等の耐震化【国土交通省】（再掲）
　　・住宅等の耐震化を図ることにより、建物被害に伴う出火を軽減する。
　【具体目標】
　　・住宅の耐震化率平成 32 年 95％（全国）を目指す。（平成 20 年推計値約 79％（全国））
　　・多数の者が利用する建築物の耐震化率平成 32 年 95％（全国）を目指す。
　　　（平成 20 年推計値約 80％（全国））

②密集市街地の整備【国土交通省】

　・避難地・避難路の整備、建築物の不燃化・共同化等を進めることにより、密集市街地において最低限の安全性を確保する。

【具体目標】

　・「地震時等に著しく危険な密集市街地」の解消割合を平成 32 年度までに 100％に近づけることを目指す。（平成 23 年度約 2,500ha（緊急対策区域））

2-2 東京都の地震対策

2-2-1 地震に強い都市づくり

　東京都では、震災に強い都市構造を確保していくため、防災都市づくり推進計画に基づき木造住宅密集市街地を中心に整備を進めている。

　防災都市づくり推進計画では、「逃げないですむまち、安全で安心して住めるまち」の実現に向けて、防災生活圏を基本的なまちづくりの単位として、防災の観点からの市街地整備に優先度を付け、地域の特性に応じた延焼遮断帯の整備や面的な市街地整備を、民間活力などの活用を図りながら推進している。

　平成28年3月には、首都直下地震の切迫性や東日本大震災の発生を踏まえ、取組を充実させる必要があることから、「木密地域不燃化10年プロジェクト」の反映や、木密地域の更なる改善に向けた新たな取組などについて、区市とともに検討を進め、改定している。

　以下、防災都市づくり推進計画の概要を示す。

　（出典：防災都市づくり推進計画（平成28年3月改定）の概要）

◆基本方針
【防災面から見た東京の現状】
　◇延焼遮断帯の形成状況
　　・延焼遮断帯は、軸となる都市計画道路等の整備や道路整備に併せた沿道建築物の不燃化の促進により、平成18年から平成26年までの8年間で、62%から66%に4ポイント増加
　　・整備地域内における延焼遮断帯の形成率は、平成26年で62%となっており、平成18年の58%と比較すると8年間で、4ポイント増加

表 2.1　延焼遮断帯の形成状況

区分	延長 (km)	形成済 (km)	形成率			増加ポイント
			平成8年	平成18年	平成26年	平成8年～平成26年
骨格防災軸	537	513	90%	93%	95%	5p
河川を除く。	425	401	87%	92%	94%	7p
河川・高速道路を除く。	376	351	86%	91%	93%	7p
主要延焼遮断帯	312	202	49%	61%	64%	15p
一般延焼遮断帯	832	401	34%	42%	48%	14p
合計	1,681	1,116	55%	62%	66%	11p

区分	延長 (km)	形成済 (km)	形成率		増加ポイント
			平成18年	平成26年	平成18年～平成26年
整備地域	289	181	58%	62%	4p
11 重点整備地域	94	53	53%	56%	3p

（出所）東京都 (2020a)

◇整備地域の不燃領域率の進捗状況

（不燃化特区実施前）

・整備地域では、道路・公園などを整備する木密事業や新たな防火規制などの規制誘導策を重点的に実施したことにより、平成23年時点で、整備地域の不燃領域率は、約58％となっている。

（不燃化特区実施後）

・平成25年度開始の不燃化特区の実績を考慮した整備地域の不燃領域率は、平成26年度時点で延焼が抑制される水準である不燃領域率60％を超える約61％となっている。

・平成25年度及び平成26年度の2年間の上昇率（約0.9P／年）を基にした平成32年度時点の推計値は約67％となる。

◇木造住宅密集地域の現状

・戦後の復興期や高度経済成長期に形成された山手線外周部付近の木密地域では、接道条件が悪いことや狭小敷地などにより、老朽木造建築物の更新が進んでいない。

・また、昭和50年代に建築された老朽木造建築物の密集地や、将来建築物の老朽化により木密地域になるおそれのある地域、又は、農地や企業のグラウンドなど土地利用の転換時にミニ開発が進むおそれのある地域が存在する。

【防災都市づくりの基本的な考え方】

1 延焼遮断帯の形成及び緊急輸送道路の機能確保
   ・震災時の大規模な市街地火災や首都東京の都市機能の低下を防ぎ、円滑な救援・救助活動や避難などを可能とするため、延焼遮断帯の形成を進めるとともに緊急輸送道路の拡幅整備や緊急輸送道路沿道建築物の耐震化を促進し、広域的な防災上のネットワークを形成

2 安全で良質な市街地の形成
   ・防災生活圏を基本的な単位として、防災の観点から市街地整備の優先度を位置付け、地域の特性に応じて事業や規制・誘導策を効果的に組み合わせ、展開
   ・木密地域の改善又は拡大の未然防止のため、地区計画等により敷地面積の最低限度の設定など必要な取組を実施

3 避難場所等の確保
   ・安全性を向上し、避難距離の短縮化を図るため、避難場所の新規・拡大指定を促進
   ・避難場所周辺等の建築物の不燃化等により、避難場所の安全性を向上

【今後の主な施策展開】

◇延焼遮断帯の形成
   ・延焼遮断帯の着実な形成に向け、特定整備路線は平成 32 年度までに全線整備する。
   ・延焼遮断帯を形成するため、現在事業中の都市計画道路及び防災性の向上に寄与する優先的に整備すべき都市計画道路の整備を着実に進める。
   ・都市計画道路の整備に合わせた都市防災不燃化促進事業による沿道建築物の不燃化の促進などにより、円滑な延焼遮断帯の形成を進める。

◇整備地域の不燃化・耐震化
   ・不燃化特区の取組により、不燃領域率は向上傾向にあるが、平成 32 年度までに不燃領域率 70％の目標達成をするため、延焼遮断帯に囲まれた市街地において、防災上重要な生活道路の拡幅整備を契機とした建替え等を促進し、不燃化・耐震化を更に加速させる。

◇木造住宅密集地域の改善又は未然防止
   ・木密地域、将来建築物の老朽化により木密地域になるおそれのある地域、土地利用の転換時にミニ開発が進むおそれのある地域において、改善又は木造住宅密集地域拡大の未然防止を図っていくための取組を区市に働きかけていく。

【防災都市づくりの整備方針】

1　延焼遮断帯の整備の方針

┌───┐
【整備目標】

■骨格防災軸の形成率　98%（2025 年度）

■整備地域内の延焼遮断帯の形成率　75%（2025 年度）

■特定整備路線を 2020 年度までに全線整備
└───┘

・都市計画道路の整備に合わせ、防火地域等の指定や都市防災不燃化促進事業による沿道建築物の不燃化の促進など、重層的に施策を実施

・特定整備路線の整備に当たっては、整備地域の改善を加速させるため、関係権利者の意向を踏まえた生活再建の支援や、不燃化特区の取組などによる市街地の不燃化を一体的に進める。

2　緊急輸送道路の機能確保の方針

┌───┐
【整備目標】

■道路閉塞を起こすおそれのある特定緊急輸送道路沿道の建築物については、90%耐震化（2019 年度）するとともに、特に倒壊の危険性が高い建築物 Is 値 0.3 未満相当の建築物）を解消し、震災時の緊急輸送道路としての機能を確保

■道路閉塞を起こすおそれのある特定緊急輸送道路沿道の建築物については、100%耐震化（2025 年度）

■道路閉塞を起こすおそれのある一般緊急輸送道路沿道の建築物については、90%耐震化（2025 年度）
└───┘

・特定緊急輸送道路の補強設計や耐震改修等を重点的に促進し、一般緊急輸送道路は耐震診断等への支援、法令に基づく指導等により耐震化を促進

・東京都無電柱化推進計画に基づき、「都市防災機能の強化」に寄与する路線を選定し、優先的に無電柱化を推進

・十分な幅員で整備されていない緊急輸送道路の拡幅整備を推進

3　市街地の整備の方針

┌───┐
【整備目標】

■整備地域の不燃領域率　70%（2020 年度）

■全ての重点整備地域の不燃領域率　70%以上（2020 年度）

■全ての整備地域の不燃領域率　70%以上（2025 年度）
└───┘

（1）整備地域の整備方針

（整備地域の改善に道筋を付ける）

・整備地域で講じる取組を「整備プログラム」に定め、改善の方向性を明らかにする。

・整備地域及び重点整備地域においては、原則として、新たな防火規制区域を指定

・地域特性に応じて、敷地面積の最低限度の設定や防災街区整備地区計画又は地区計画を策定し、防災性の向上に合わせて良好な住環境を形成

（防災生活道路の拡幅整備を契機とした延焼遮断帯に囲まれた市街地の更なる改善）
- 延焼遮断帯を形成する都市計画道路等の整備に加え、延焼遮断帯に囲まれた市街地の防災性向上に向け、緊急車両の通行や円滑な消火・救援活動及び避難を可能とする防災上重要な道路に関する計画（防災生活道路網計画）を「整備プログラム」に位置付け、重点化
- 計画幅員 6m 以上の防災生活道路は、地区計画等に位置付け、整備を促進
- 「整備プログラム」に基づき、計画的・重点的に防災生活道路を整備するとともに、道路整備と一体となって沿道の不燃化建替え等を促進

（都市計画等との連携による建替えの促進）
- 都市計画等と連携し、地域特性に応じて建蔽率や道路斜線の緩和などにより建替えを促進

（関係機関等との連携・協働）
- 独立行政法人都市再生機構等とも連携して、土地取得・交換分合を通じた老朽木造建築物の更新や防災生活道路の整備促進など市街地の不燃化を促進

（２）重点整備地域の整備方針（平成 32 年度まで）
　　整備地域の整備方針に加え、以下の取組により重点的に整備
（住民の建替えを促進するための支援）
- 住民の不燃化への意識の向上を図り、老朽木造建築物の建替えを進めるため、専門家派遣、戸別訪問の実施や現地相談ステーションを設置
- 不燃化建替えを行った住宅に対して、固定資産税・都市計画税を 5 年度分全額減免

（区が積極的に事業を進めるための支援）
- 用地折衝に係る専門家の派遣や防災街区整備事業補助を拡充

（３）整備地域以外への対応方針
（木造住宅密集地域の改善又は未然防止）
- 木造住宅密集地域、将来建築物の老朽化により「木造住宅密集地域」になるおそれのある地域、土地利用転換時にミニ開発が進むおそれがある地域において、地区計画等による敷地面積の最低限度の設定、新たな防火規制区域の指定などにより、改善又は拡大の未然防止を図る。

（木造住宅密集地域の改善等に合わせた良好な住環境の形成）
- 地区計画等による木造住宅密集地域等の防災性の向上を図る機会を捉え、緑化の促進や地域の資源をいかしたまちづくりなどを促進

4　避難場所等の確保及び指定の方針

【整備目標】
■避難有効面積が不足する避難場所を解消（2020 年度）

■避難距離が 3km 以上となる避難圏域を解消（2020 年度）

■都立公園等の避難場所では防災関連設備等の充実を図り、安全性や利便性を向上

・公共事業等により整備された大規模なオープンスペースのうち、避難場所としての要件を満たした場所は、新規・拡大避難場所の適地として確保を図り、その指定を促進

・不燃化の進展により、広域的な避難を要しない地区内残留地区の指定を行うとともに、民間建築物等の耐震化を促進し、地区内の安全性を向上

防災生活道路網計画について

【防災生活道路とは】
・延焼遮断帯に囲まれた市街地における緊急車両の通行や円滑な消火・救援活動及び避難を可能とする防災上重要な道路

【防災生活道路網計画の目的】
・防災生活道路に関する計画を策定し、推進計画に位置付けることにより、道路を計画的・重点的に拡幅整備するとともに、道路整備と一体となって沿道の不燃化建替え等を促進することを目的とする。

（1）幅員 6m 以上の防災生活道路
・主に緊急車両の通行、円滑な消火・救援活動を考慮（おおむね 250m 間隔（※参考））

（2）幅員 4m 以上 6m 未満の防災生活道路
・主に円滑な避難を考慮（おおむね 120m 間隔）

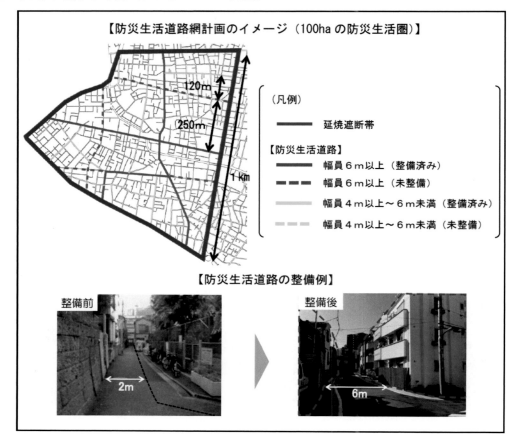

（出所）東京都 (2020a)

図 2.1　防災生活道路網計画のイメージ

（※参考）
消防水利の基準（昭和 39 年 12 月 10 日消防庁告示第 7 号）第 4 条及び『逐条問答 消防力の整備指針・消防水利の基準』（消防力の整備指針研究会編、平成 18 年 1 月）によると、消防ポンプ自動車で長時間にわたり無理のない放水を継続でき、かつ、ホースを延長する時間において妥当な限度はホース延長本数 10 本（約 200m）以内であり、道路に沿ってホース延長を行う場合のホースの屈曲を考慮すると、直線距離としては約 140m となる。半径 140m の円でカバーできる面積とほぼ等しい正方形の一辺が約 250m となる。

2-2-2　地震火災等の防止

　地震火災等の防災について、東京都では、同時多発的・広域性を有する地震火災に対応するため、消火活動、救助救急活動に有効な特殊車両や資器材を充実するとともに、消防救助機動部隊、署の救助隊の整備、航空消防体制の強化など、都市構造や災害態様の変化に応じた消防力の増強を図っている。

2-2-3　施設構造物・建築物等の安全化

　道路をはじめとする施設構造物やライフラインが地震によって被害を被った場合、応急対策、復旧対策の支援、被災住民の生活支援など重大な損害が生じる。

　このため、東京都では、道路、橋梁、河川、海岸、港湾等の施設構造物や電気、ガス、水道、下水道等のライフライン施設について耐震化を進めている。

　また、大災害時に救助活動の中心となる消防署・警察署などの庁舎や被災者の一時収容施設となる病院・学校等について耐震診断を実施し、結果に基づき順次補強・改築を進めている。

　さらに、民間建築物の耐震不燃化を進めるため、「建築物の耐震診断システムマニュアル」を作成し普及啓発の強化に努めているほか、学校、病院、劇場等の特殊建築物及びマンションを対象とするセーフティローン制度の周知を図っている。

2-3　木密地域の再開発の事例

（1）防災街区整備事業
　老朽化した建築物を除却し、防災機能を備えた建築物および公共施設の整備を行う防災街区整備事業は、木密地域を解消する方法の1つで、東京都は事業の認可・補助等を行っている。
　市街地再開発事業と同様に、土地・建物から建築物への権利変換による共同化を基本としつつ、土地から土地への権利変換も可能とする柔軟な手法となっている。

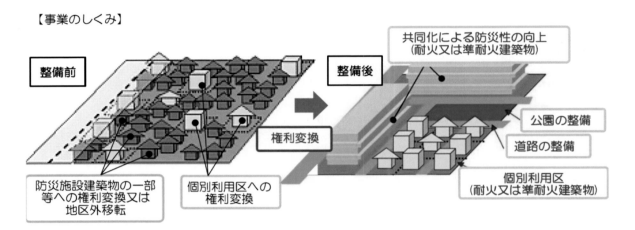

【事業のしくみ】

【主な支援策（木造住宅密集地域整備事業の地区内で実施する場合）】
①調査設計計画費（測量、権利調査、地盤調査、建築設計費等）
②土地整備費（除却、補償費等）
③共同施設整備（共用通行部分（廊下、エレベーター等）、集会所、子育て支援施設、広場、児童遊園整備費等）

（出所）東京都（2012b）

図 2.2　防災街区整備事業のしくみ

事業実施地区は 11 地区となっており、概要を下表に示す。

表 2.2 防災街区整備事業 事業実施地区

番号	区市	地区名	施行者	施行地区面積(ha)	都市計画決定年月日	事業計画認可年月日	進捗状況
1	板橋区	板橋三丁目	組合	0.4	2006/11/2	2007/3/26	平成22年完了
2	足立区	関原一丁目中央	個人	0.4	2007/9/26	2010/4/13	平成25年完了
3	墨田区	京島三丁目	機構	0.2	2009/11/6	2010/8/3	平成25年完了
4	品川区	荏原町駅前	組合	0.1	2012/10/31	2013/4/10	平成28年完了
5	目黒区	目黒本町五丁目24番	組合	0.06	2013/12/27	2015/1/19	平成28年完了
6	品川区	中延二丁目旧同潤会	組合	0.7	2015/4/17	2016/2/12	平成31年完了
7	新宿区	西新宿五丁目北	組合	2.4	2015/8/25	2016/12/6	事業中
8	北区	志茂三丁目9番	組合	0.06	2018/11/1	2019/3/27	事業中
9	北区	上十条一丁目4番	組合	0.2	2019/8/22	2020/3/18	事業中
10	目黒区	原町一丁目7番・8番	組合	0.4	2019/10/25	2020/6/23	事業中
11	豊島区	池袋本町三丁目20・21番南	組合	0.2	2020/1/28	2020/7/2	事業中

（出所）東京都 (2012b)

1）足立区関原一丁目中央地区防災街区整備事業

①事業概要

　本地区は、東武伊勢崎線梅島駅より南西約 1.2km に位置し、南側で都市計画道路補助 136 号線（以下、「補助 136 号線」という。幅員 20m）に接し、西側に関原不動商店街が隣接する。当地区を含む関原一丁目は、元は水田であったところが高度成長期に急激に市街化したため、道路や公園などが不足する住商工が混在した地域であった。また、狭い行き止まり路地沿いに建替えができない老朽木造住宅が密集しており、災害時の延焼火災等による被害が懸念されていた。本事業では、当地区に隣接する補助 136 号線整備に伴う沿道の住環境の変化を契機と捉え、未接道で建替え更新ができない老朽木造住宅を共同化することで、土地の合理的かつ健全な利用を図るとともに、災害に強い建物への更新や道路と一体となった延焼遮断帯を形成し、周辺地域の防災性向上を図った。

②計画内容

施行者	相鉄不動産株式会社
所在地	足立区関原一丁目の一部
地区面積	約 0.4ha
総事業費	約 21 億円
整備内容	公共施設

　　　　　　　　主要生活道路 A、主要生活道路 B、主要生活道路 C

　　　　　　　　区画道路 A、区画道路 B、公園 A

　　　　　　防災施設建築物

　　　　　　　・延べ面積　約 4,990m^2　　・主な用途　共同住宅　　・住宅戸数　60 戸

　　　　　　個別利用区

③主な経緯

都市計画決定	平成 19 年 9 月
事業計画認可	平成 22 年 4 月
権利変換計画認可	平成 22 年 11 月
建築工事着手	平成 23 年 12 月
建築工事完了	平成 25 年 1 月
事業完了	平成 25 年 12 月

足立区　関原一丁目中央地区防災街区整備事業

◆整備後の施行地区

上：完成した建築物（防災施設建築物）
右：個別利用区に並ぶ住宅

◆整備前の施行地区　老朽化した木造住宅が立ち並ぶ

（出所）東京都（2012b）

図 2.3　足立区関原一丁目中央地区防災街区整備事業　事業概要

２）中延二丁目旧同潤会地区防災街区整備事業

①事業概要

　本地区は、品川区の西部、中延二丁目の面積約 0.7ha の区域で、東急池上線荏原中延駅の北西約 250～300m に位置する。本地区は、関東大震災の復興住宅として、旧同潤会により整備された戸建地区で、木造長屋を含む木造住宅が密集している地区であり、都が推進する「木密地域不燃化 10 年プロジェクト」の不燃化特区先行実施地区である「東中延一・二丁目、中延二・三丁目地区」のコア事業と位置付けられている。

　本地区は、狭あいな道路に面した狭小敷地上に建つ建物が多く、接道条件等の事情から個々での更新が進んでいないため、老朽化した建物が高密度に建て込んでおり、防災上極めて危険な地区であり地域全体の防災機能の向上や住環境整備を図る上で更新が望まれている。

　本事業は、共同化を行い優れた防災性能を有する良質な都市型住宅を整備することで、合理的かつ健全な土地利用による土地の細分化及び狭あい道路の解消と居住機能の更新を図った。さらに、良質な歩行者空間や緑化空間等を整備し、都市環境の向上を図った。

②計画内容

施行者	中延二丁目旧同潤会地区防災街区整備事業組合
所在地	東京都品川区中延二丁目の一部
地区面積	約 0.7ha
総事業費	約 97 億円
整備内容	公共施設

　　　　　　　　　公園、特別区道Ⅳ－76 号、区有通路Ⅳ－7 号

　　　　　　　　防災施設建築物

　　　　　　　　　・延べ面積　約 16,440 m² 　　・主な用途　共同住宅　　・住宅戸数　195 戸

③主な経緯

都市計画決定	平成 27 年 4 月
事業組合設立（事業計画）認可	平成 28 年 2 月
権利変換計画認可	平成 28 年 12 月
建築工事着手	平成 29 年 6 月
建築工事完了	平成 31 年 3 月
事業完了	令和元年 11 月

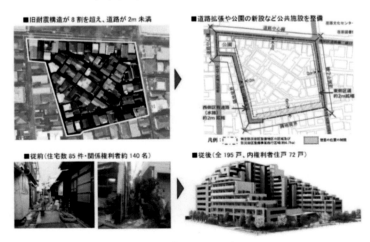

出所）旭化成ホームズ (2019)

図 2.4　中延二丁目旧同潤会地区防災街区整備事業　事業概要

第3章　地震リスク関連の先行研究

　都市防災整備などの施策の便益評価を行うためには、(1) 施策による災害リスクの軽減効果、および(2) リスク軽減に対する消費者の主観的評価の双方が必要となる。このうち、前者のリスク軽減効果については、一定の想定の下で客観的評価が可能である。例えば、延焼遮断帯の整備や密集市街地の共同建て替え事業などが市街地火災リスクに与える影響は、一定の工学的想定の下で評価が可能である。これに対し、後者の主観的評価は、災害リスクの軽減が周辺住民に与える便益の定量的評価に関わるものであり、様々な手法が提案されてきた。本節では、これらの手法の中でも、環境経済学・都市経済学分野で幅広く用いられてきたヘドニック・アプローチに焦点を絞り、既存研究による知見を整理する。

3-1　ヘドニック・アプローチによる災害リスク評価

　災害リスクをはじめとする広い意味での住環境に対する限界支払意思額(Marginal Willingness to Pay, MWTP) の計測は、こうした要因が周辺の不動産価格や地価に帰着するという想定の下で、ヘドニック・アプローチに基づく評価が主要な分析枠組みとなってきた。いま、人々が災害リスクを考慮した居住地選択を行っている場合、リスクの高い地域の住宅価格は（そうでない地域に比べて）低下することが予想される。このとき、災害リスクの水準に起因する地域間での住宅価格差は、何らかの形でリスクに対する住民の「評価」を反映しているものと考えられる。ここでは、ごく単純な枠組みでヘドニック・アプローチの考え方を説明する。

　いま、住宅以外の財の消費量xから効用を得る消費者を考える。また、この消費者は災害の発生に直面しており、その発生確率をπで表す。災害が発生した場合、消費者はLだけの金銭的損失を被るものとする。災害が発生しない場合の所得をy、住宅に対する支出をpとすれば、予算制約から財の消費量は$x^0 = y - p$となる。一方、災害が発生した場合には、財の消費量は$x^1 = y - L - p$となる。また、住宅に対する支出pは災害リスクに依存するものと仮定し、これを$p(\pi)$としよう

(ヘドニック価格関数)
　このとき、この消費者の効用関数を$u(x)$とすれば、災害の発生を考慮した期待効用は

$$EU = \pi u(y - L - p(\pi)) + (1-\pi)u(y - p(\pi, h)) \qquad (3.1)$$

で表されることになる。消費者は、期待効用が最大となるような立地（すなわち災害リスクπ）を選択するものとすれば、一階の条件から

$$\frac{\partial p}{\partial \pi} = \frac{u^1 - u^0}{\pi u_x^1 + (1-\pi)u_x^0} < 0 \qquad (3.2)$$

が得られる。ここで、$u^0 = u(y - p(\pi, h))$ および$u^1 = u(y - L - p(\pi))$であり、u_x^0および u_x^1はそれぞれ財の消費量についての限界効用を示す。(式 3.2)の右辺はπのxに対する限界代替率であり、財の消費量で測った災害発生確率の質に対する限界支払意思額であるとみなせる。一方、式の左辺は暗黙価格(implicit price) とも呼ばれ、災害発生確率πの限界的変化に対する住宅価格pの変化を示している。

　(式3.2)は、他の条件を一定に保ったうえで、災害リスクが住宅価格におよぼす影響を識別できれば、これを通じて災害リスクに対する消費者の限界支払意思額を測定することが可能となることを示している。そのため、ヘドニック・アプローチに基づく災害リスク評価は、観察可能なデータを用いて、災害リスクと住宅価格の関連を明らかにすることを目的としている。

いま、住宅 $i \in {1, ..., N}$ について、住宅価格p、（災害リスク以外の）住宅属性xおよびこの住宅が立地する場所における何らかの災害リスク指標r が観察可能であるとする。このとき、標準的なヘドニック・アプローチに基づく実証分析では、住宅価格と住宅属性の間の関係（ヘドニック価格関数）は、以下のように特定化される。

$$p_i = \alpha + \beta r_i + \gamma x_i + \varepsilon_i \qquad (3.3)$$

　ここで、pは住宅価格であり、しばしば対数を取った値が用いられる。また、rおよびxは観察可能な災害リスクおよびその他の住宅属性であり、εは観察不可能な誤差項を示す。

　(式3.2)に示した理論的枠組みのもとで、βの推定値は災害リスクrに対する消費者の限界支払意志額とみなせる。しかしながら、(式3.3)に基づくヘドニック価格関数の推定には、いくつかの点で課題がある。このうち、先行研究で特に問題とされてきたのは、災害リスクrと関連するような省略変数の存在に関するものである。いま、(式3.3)では考慮されていない何らかの住宅属性（省略変数）が存在し、それが災害リスクrと相関する場合、(式3.3)によるβの推定はバイアスを持つ。そのため、多くの先行研究では観察できない住宅属性とは関連しないような災害リスクの変動に着目し、βを識別するような試みがなされている。具体的には、(1) 災害リスク指標の公表や更新に着目した分析、(2) 実際の災害発生とそれに伴う住民のリスク評価の変化に着目した分析、(3) 特定の建物属性や立地属性と災害リスク評価の関連に着目した分析などがある。以下では、こうした分析のそれぞれについて、代表的な研究を取り上げつつ整理を行う。

3-2　既存研究

3-2-1　災害リスク情報の公表・更新

　第1の分析事例は、災害リスク情報の公表や更新に着目した分析である。いま、すでに公表されている災害リスク情報は、こうした情報を踏まえた家計や企業の立地選択などを通じて、不動産価格に影響をもたらす可能性がある。例えば、災害リスクの高い地域に老朽化した住宅が集中している場合、こうした要因が災害リスクの高さとは独立に、不動産価格に影響を及ぼすかもしれない。これに対し、新たに提供された災害リスク情報や、既存のリスク情報の（予期しない）更新は、観察できない住宅属性とは無関係に不動産価格に影響を与えている可能性が高く、公表前後での不動産価格の変化をみることでβ の識別が可能となる。

　このような分析の代表的なものとして、カリフォルニア州における地震リスク情報(Alquist-Priolo Special Studies Zones, SSZ)の開示に着目した Brookshire et al.(1985)による研究がある。リスク情報の開示前後の取引価格データを用いたヘドニック価格関数の推定結果によると、開示された災害リスクの水準は、開示前の不動産価格とは無関係である一方、開示後の不動産価格は災害リスクが高い地域ほど下落することが示されている。また、Bernknopf et al.(1990)は、カリフォルニア州(Mammoth Lakes)における地震および噴火警戒情報の影響を検証しており、こうした情報の発令が短期的に不動産価格に影響を与えることを示した。同様の分析アプローチをとった研究例としては、2016 年に発生した高雄市を震源とする台湾南部地震に公表された液状化リスクの指標が、不動産価格とどのような関連にあるかを検証した Sher et al.(2020)による研究がある。彼らの分析結果によれば、公表された液状化リスクの高さは、高層建物や耐震性の低い建物に対してのみ、価格に負の影響をおよぼすことが示されている。また、日本における分析の事例としては、東日本大震災のあとに公表された南海トラフ地震による津波の被害想定が地価に与える影響を検討した分析がある(Nakanishi, 2016, 2017)。これらの結果によれば、津波の被害想定が地価に与える影響には異質性があり、標高が低い地点

の地価に対しては有意に負の影響を与えたことが報告されている。[1]

　リスク情報の更新・変更については、カリフォルニア州における活断層地図(earthquake faultmaps)の更新が、周辺地域の不動産価格におよぼす影響を検証した Singh (2019)による分析がある。変更の対象となった地域をトリートメントグループ、変更のなかった地域をコントロールグループとした差分の差分法による分析の結果、新たに活断層帯に位置することで、持ち家の住宅価格は約 6.6%、借家の賃料は約 3.3%下落したことが示されている。また、地震発生後の建物耐震性の再評価に着目した Timar et al.(2018a)によれば、倒壊危険性が高いと判定された建物は、同程度の耐震性を持ちながら、そのような判定がなされていない建物に比べて価格が大きく下落することが示されている。

　また、リスク情報の公表とは異なるが、人為的な原因で地震発生リスクが高まったことが、周辺地域の不動産価格におよぼす影響を検討した研究もある。これらの研究は、いずれもシェールガスやシェールオイルの掘削によって引き起こされた人為的な地震活動の増加と、周辺地域における不動産価格との関連をみている。こうした分析によると、オクラホマ州における群発地震の発生が不動産価格の下落を招いたとされる(Metz et al., 2017; Cheung et al., 2018; Ferreira et al., 2018)。同様の分析は、イギリスを対象としても実施されており、類似の結果が得られている(Gibbons et al., 2021)。

3-2-2　災害発生とリスク評価の更新

　第 2 の分析事例は、実際の災害発生前後での不動産価格の変化に着目したものである。いま、自然災害リスクに対する主観的リスク認知を扱った既存研究によれば、ハリケーンや地震などの被災経験は、これらの自然災害に対する消費者のリスク認知を高めることが知られている(Trumbo et al.,2011; Kung and Chen, 2012)。そのため、実際の災害発生は、消費者のリスク認知の更新を介して、周辺地域の不動産価格に影響を及ぼす可能性がある。いま、こうしたリスク認知の更新が、観察できない住宅属性とは無関係に生じているのであれば、災害発生の前後で災害リスク情報と不動産価格の関係をみることで、消費者のリスク認知の影響を検証することができる。

　このような分析例としては、1989 年にサンフランシスコ湾岸で発生したロマプリエタ地震の前後で、地震リスク指標が不動産価格に与える影響に変化が生じたかを検証した Beron et al.(1997)が挙げられる。地震による期待損失をリスク指標とした分析の結果、リスク指標の高さが不動産価格におよぼす影響は、ロマプリエタ地震の発生前のほうが大きく、住民は発生リスクを高めに見積もっていた可能性が示唆されている。[2]これと類似した研究としては、ニュージーランドで発生したクライストチャーチ地震の前後で、液状化危険度と建物の耐震性が不動産価格に与える影響を検証した Timar et al.(2018b)による分析がある。震源に近いウェリントンと、遠い南部のダニーデンで、変化に違いがあるかを検証した結果、耐震性と不動産価格の関係は、地震の発生前後で変化がなかったが、液状化危険度については高リスク地域（ウェリントン）でのみ、地震発生後に価格に与える負の影響が大きくなったことが報告されている。[3]

　日本を対象とした分析事例として、上町断層帯（大阪府）からの距離という地震リスクの指標が不動産価

---

[1] 市町村間の人口移動を対象に類似の検討を行った研究として Naoi et al. (2020)によるものがある。
[2] 同様にロマプリエタ地震の発生に着目した分析として、Murdoch et al. (1993)があり、対照的に地震発生後には平均して約2%の不動産価格の下落がみられたことを報告している。
[3] やはりクライストチャーチ地震の前後を対象として、同様の問題意識からオフィス賃料と地震リスクの関係を分析したものとして、Filippova et al. (2017)によるものがある。彼らの分析結果によれば、震源地に近かったウェリントンでは、耐震性の高い建物の賃料が（耐震性の低い建物と比較して）上がったが、比較的震源から遠かったオークランドではそのような傾向はみられなかったとされる。

格におよぼす影響について、阪神淡路大震災の前後での変化を検証した Gu et al.(2018)による研究がある。これによれば、震災前には断層からの距離は不動産価格と有意な関連を持たなかったが、震災発生後に負の影響が顕在化したことが示されている。同様に阪神淡路大震災に着目した分析として、震災発生後の地震リスクと不動産価格の関係を検討した川脇(2007)によるものがある。これによれば、危険度の高い地域の不動産価格は、震災後の数年間にわたって有意に低下したことが示されている。[*4]

　実際の地震発生前後の変化に着目した上記の研究例は、いずれも実際の被災地あるいはその近隣を対象とした分析となっている。こうした地域における不動産価格は、地震発生に伴うリスク評価の更新という影響だけでなく、地震発生そのものによる被災の影響も受ける可能性がある。こうした可能性を考慮し、実際の地震発生による影響を受けないと思われる地域を分析対象とした分析もある。例えば、Naoi et al.(2009)は、日本における震度6弱以上の地震の発生に着目し、同一県内で過去1年間にこうした地震があった市町村とそうでなかった市町村で、地震発生リスクに対する反応が異なるかを分析している。その際、前者については、実際の震度情報から被災の影響を受けないと思われる市町村に限定して分析を行っている。また、カリフォルニアの不動産価格を対象とした Fekrazad(2019)では、海外での（直接の影響がない）大地震の発生前後で、地震リスクの高低が不動産価格におよぼす影響を検証している。これらの研究は、いずれも大地震の発生後に高リスク地域の不動産価格が下落したことが報告されている。[*5]

3-2-3　建物・立地属性と災害リスク評価の関連

　第3の分析事例は、特定の物件属性に着目して、災害リスクが不動産価格におよぼす影響を検討したものである。代表的な例として、東京都が公表する地域危険度と家賃の関係を検討した Nakagawa et al.(2007)による分析がある。彼らの分析では、1981年の建築基準法改正に注目して、この前後に建築された建物で、地震リスクと家賃の関係に変化が生じているかを分析している。いま、1981年の改正では耐震基準の厳格化がなされたため、新耐震基準の下で建てられた物件のほうが、地震リスクによる影響を受けにくいことが予想される。一方で、建築年が1981年の前後であるような物件間で、周辺環境やその他の物件属性に系統的な差異が生じているとは考えづらいため、こうした物件の比較によって地震リスクが不動産価格におよぼす影響が検証できる。[*6]また、物件の立地属性を利用して地震リスクが不動産価格に与える影響を検証した分析として Hidano et al.(2015)による研究がある。彼らの分析では、地域危険度が町丁目単位で評価されている事実に着目し、町丁目の境界付近に立地する物件のみを用いた推定を行っている（空間的回帰不連続デザイン）。こうした物件は、異なる地震危険度が判定されている一方で、周辺環境などは共有しているため、観察できない周辺環境や物件特性などによる影響を排除することができる。その他の分析例として、四川大地震の前後で、建物の階層（高層階 vs 低層階）によって不動産価格に相対的な変化が生じたかを検証した Deng et al.(2015)による分析がある。この分析では、同一建物内の所在階が異なる物件間の比較を行うことで、観察できない周辺環境などの要因を除去した分析がなされている

[*4] より長期的な影響をみた研究として、Nakagawa et al. (2009)による研究もある。また、Kawawaki and Ota(1996)は、阪神淡路大震災の被災地における不動産価格の変化を確認している。

[*5] 一方で、東日本大震災の発生前後となる2010〜2013年にかけての東京都での土地の取引価格を分析した石塚・横井(2017)では、土地の取引価格への地震リスクの影響は、震災直後に一端弱くなったことが示されている。類似の結果は、J-REITの価格付けと地震リスクの関連を検討した磯山他(2016)でも示されている。それによれば、震災前には地震による予想最大損失額(Probable Maximum Loss, PML)を織り込む形でJ-REITの価格付けがなされていたが、震災後にはこうした関係がみられなくなったとされる。

[*6] 類似の分析は山鹿他(2002)でもなされている。また、居住者の属性や周辺環境の違いなどに着目した分析として、Naoi et al. (2010)や久保田・廣井(2019)などもある。

第4章　空間計量経済学

　空間計量経済学は、空間相互作用（spatial interaction effects）を扱う計量経済学の一分野である。本章は、主に Elhorst(2014)、LeSage(2014)、LeSage and Pace(2009)に基づき、空間計量経済モデルについて解説する。空間計量経済学は、1990 年頃から顕著に発達してきた。空間計量経済モデルの第 1 世代は、クロスセクションデータを用いたモデルである。主な貢献としては、Anselin(1988, 2006)、Griffith(1988)、Haining(1990)、Cressie(1993)、Anselin and Bera(1998)、Arbia(2006)、LeSage and Pace(2009)が挙げられる。第 2 世代は、空間パネルデータを用いた非ダイナミックモデルである。このモデルについては、Baltagi(2013)、Elhorst(2014)、Lee and Yu(2010b, 2015)が参考になる。第 3 世代は、ダイナミック空間パネルデータモデルである。現時点でこのモデルの明快な推定方法は確立されていない。ダイナミック非空間モデル、非ダイナミック空間モデルの推定方法では推定量にバイアスが生じるためである。本章では、第 1 世代のクロスセクションデータを用いたモデル、第 2 世代の非ダイナミック空間パネルデータモデルの基礎を解説する。

4-1　クロスセクションモデル

4-1-1　モデルの分類

まず、非空間線形回帰モデルを表す（式4.1）。

$$Y = \alpha \iota_N + X\beta + \varepsilon \tag{4.1}$$

　ここで、Y は $N \times 1$ の従属変数ベクトル、ι_N は定数項パラメータ α に関する 1 からなる $N \times 1$ ベクトル、X は $N \times K$ の外生説明変数行列、β は $K \times 1$ の回帰係数ベクトル、$\varepsilon = (\varepsilon_1, \ldots, \varepsilon_N)^T$ は誤差項ベクトルを表す。ここで、ε_i は平均 0、分散 σ^2 の独立同分布（i.i.d.: independently and identically distributed）に従う。この非空間線形回帰モデルは最小二乗法（OLS）で推定されることが多いため、しばしば OLS モデルと呼ばれる。しかし、OLS は推定方法であってモデル名ではないため、本章では標準モデルと呼ぶ。

　次に、空間計量経済モデルにおける相互作用を考える。一般的に、相互作用には次の 3 つのタイプがある：（i）従属変数の内生的相互作用（式4.2）、（ii）説明変数の外生的相互作用（式4.3）、（iii）誤差項の相互作用（式4.4）。

$$
\begin{align}
&\text{(i)　個体[1]A の従属変数 } y \quad \Leftrightarrow \quad \text{個体 B の従属変数 } y && (4.2) \\
&\text{(ii)　個体 B の独立変数 } x \quad \Leftrightarrow \quad \text{個体 A の従属変数 } y && (4.3) \\
&\text{(iii)　個体 A の誤差項 } \varepsilon \quad \Leftrightarrow \quad \text{個体 B の誤差項 } \varepsilon && (4.4)
\end{align}
$$

---

[1] 本章では、「個体」は国、地域、地点などを表す。

全ての相互作用を含む GNS モデル（General nesting spatial model）は、（式 4.5）のように表現できる。

$$Y = \delta WY + \alpha \iota_N + X\beta + WX\theta + u \qquad (4.5a)$$

$$u = \lambda Wu + \varepsilon \qquad (4.5b)$$

ここで、WY は従属変数の内生的相互作用、WX は従属変数の外生的相互作用、Wu は誤差項の相互作用を表す。δ は空間自己回帰係数（spatial autoregressive coefficient）、λ は空間自己相関係数（spatial autocorrelation coefficient）、θ と β は未知のパラメータに関する $K\times1$ ベクトル、W は個体の空間的構造や配置を表すや非負の $N\times N$ 行列である。このモデルは全ての相互作用を含むため、GNS モデルと呼ばれる。

　図 4.1 は空間計量経済モデルの関係を示したものである。最上部が GNS モデル（式 4.5）、最下部が標準モデル（式 4.1）である。GNS モデルから下方向の各モデルは、矢印に表した制約を課したモデルになっている。

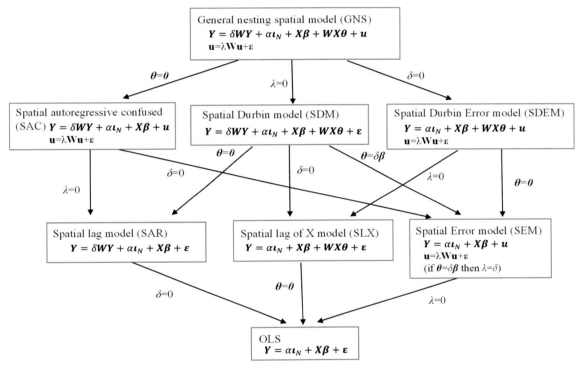

Elhorst (2014, p. 9) に基づき作成。
Spatial autoregressive confused (SAC)はLeSage (2014, p. 11)参照。

図 4.1　空間計量経済モデルの関係

　SAR や SAC モデルは応用研究で頻繁に使われているが、直接効果と間接効果の比が各説明変数で一定という非現実的な強い制約がある。また、効果の大きさが空間自己回帰パラメータ δ と空間重み行列 W のみに依存する。LeSage (2014, p.11)は、こうした問題があるにも関わらず、応用研究で多用されている SAC モデルを空間自己回帰混乱（spatial autoregressive confused）モデルと記している。

　一方、SDM、SDEM、SLX モデルでは、直接効果と間接効果の大きさは説明変数の空間ラグの係数（θ_k）にも依存し、直接効果と間接効果の比が説明変数によって可変である。そのため、応用研究では SDM、SDEM、SLX モデルの方が SAR や SAC モデルよりも優れている。応用研究においては、SDEM および SDM が推奨されている（Elhorst, 2014; LeSage, 2014）。GNS モデルはしばしばパラメータ過多（overparameterized）

となり、有意性が下がる傾向があり、SDM や SDEM よりも優れたモデルとは言えない。SDEM については、λ＝0 の場合は SLX に、θ＝0 の場合は SEM モデルに、λ＝0 および θ＝0 の場合は標準モデルに単純化できる。一方、SDM で θ＝0 であることを理由に、SAR モデルを採用することは推奨されていない。前述の非現実的な強い制約等の問題があるためである。

4-1-2　直接効果と間接（スピルオーバー）効果

GNS モデル（式 4.5）は（式 4.6）のように書き直せる。

$$Y = (I - \delta W)^{-1}(X\beta + WX\theta) + R \qquad (4.6)$$

ここで、R は切片と誤差項を含む残りの項を表す。個体 1 から個体 N までの k 番目の説明変数 X に関する Y の期待値の偏微分行列は（式 4.7）のように表せる。

$$\left[\frac{\partial E(Y)}{\partial x_{1k}} \cdot \frac{\partial E(Y)}{\partial x_{Nk}}\right] = \begin{bmatrix} \frac{\partial E(y_1)}{\partial x_{1k}} & \cdot & \frac{\partial E(y_1)}{\partial x_{Nk}} \\ \cdot & \cdot & \cdot \\ \frac{\partial E(y_N)}{\partial x_{1k}} & \cdot & \frac{\partial E(y_N)}{\partial x_{Nk}} \end{bmatrix}$$

$$= (I - \delta W)^{-1} \begin{bmatrix} \beta_k & w_{12}\theta_k & \cdot & w_{1N}\theta_k \\ w_{21}\theta_k & \beta_k & \cdot & w_{2N}\theta_k \\ \cdot & \cdot & \cdot & \cdot \\ w_{N1}\theta_k & w_{N2}\theta_k & \cdot & \beta_k \end{bmatrix} \qquad (4.7)$$

ここで、w_{ij} は W の（i,j）番目の要素である。k 番目の説明変数に関する E(Y）の偏微分には 3 つの特徴がある。第 1 に、ある個体の説明変数が変化すると、その個体の従属変数が変化するだけでなく、他の個体の従属変数も変化する。前者を直接効果（direct effects）、後者を間接効果（indirect effect）という。偏微分行列の各対角要素が直接効果、各非対角要素が間接効果である。したがって、$\delta = 0$ および $\theta_k = 0$ の時、全ての非対角要素が 0 となり、間接効果は発生しない。

第 2 に、直接効果と間接効果はサンプル内の異なる個体で異なることである。直接効果が異なるのは、$\delta \neq 0$ を所与として、行列 $(I_N - \delta W)^{-1}$ の対角要素が異なる個体で異なるためである。間接効果が異なるのは、$\delta \neq 0$ および $\theta_k \neq 0$ を所与として、行列 $(I_N - \delta W)^{-1}$ と W の両方またはいずれかの非対角要素が異なる個体で異なるからである。

第 3 に、$\theta_k \neq 0$ で発生する間接効果はローカル効果（local effects）、$\delta \neq 0$ で発生する間接効果はグローバル効果（global effects）と呼ばれる。ローカル効果は、個体の近隣からのみ発生する。空間重み行列の要素 w_{ij} が 0 でない（0 である）場合、x_{jk} が y_i に与える影響も 0 でない（0 である）。一方、グローバル効果は、個体の近隣に属さない個体からも発生する。これは、$\delta \neq 0$ の場合、行列 $(I_N - \delta W)^{-1}$ が（W と異なり）0 の要素を含まないためである。$\delta \neq 0$ および $\theta_k \neq 0$ の場合は、グローバル効果とローカル効果の両方が発生し、それらを互いに分離できない。

直接効果と間接効果はサンプル内の異なる個体で異なるため、どのように示すかが問題となる。N の個体、K の説明変数とすると、直接効果、間接効果は K の異なる $N \times N$ 行列となる。N と K が小さい値であっても、結果をコンパクトに示すことは困難である。そこで LeSage and Pace (2009)は、（式 4.7）の右辺にある行列の対角要素の平均を直接効果の 1 つの要約指標、同行列の非対角要素の行和あるいは列和の平均

を間接効果の1つの要約指標として提案している。平均行効果は、外生変数の全ての要素が1単位変化したことが従属変数の特定の要素に与える影響を表す。平均列効果は、ある外生変数の特定の要素の変化が他の全ての個体の従属変数に与える影響を表す。しかし、両者の間接効果の大きさは計算上等しいため、どちらを使用しても構わない。一般に間接効果は、ある外生変数の特定の要素の変化が他の全ての個体の従属変数に及ぼす影響（平均列効果）と解釈される。

各空間計量経済モデル（図4.1）に対応する直接効果と間接効果を表4.1にまとめる。OLSとSEMモデルでは、説明変数の直接効果は係数（β_k）、間接効果は0である。誤差項の空間ラグを含むSEMでもOLSと同様の直接効果（β_k）、間接効果が0となるのは、説明変数の変化についての従属変数の偏微分係数の計算（式4.7）に誤差項が関係しないためである。SLXとSDEMモデルでは、直接効果は説明変数の係数（β_k）、間接効果は説明変数の空間ラグの係数（θ_k）となる。

SARとSACモデルでは、説明変数の係数に空間乗数行列（spatial multiplier matrix）を乗じた$(I - \delta W)^{-1}\beta_k$の対角要素が直接効果、非対角要素が間接効果となる。SDMとGNSでは$(I - \delta W)^{-1}(\beta_k + W\theta_k)$の対角要素が直接効果、非対角要素が間接効果となる。なお、空間乗数行列$(I - \delta W)^{-1}$は（式4.8）に展開できる。

$$(I - \delta W)^{-1} = I + \delta W + \delta^2 W^2 + \delta^3 W^3 \dots \qquad (4.8)$$

右辺第1項の単位行列Iの非対角要素は0であるため、この項はXの変化の直接効果を表す。第2項の行列δWの対角要素は0と仮定されているため、この項はXの変化の間接効果を表す。Wが1次隣接行列の場合、この間接効果は1次隣接に限定される。第3項以降は2次以上の直接効果と間接効果を表す。すなわち、ある個体の変化が、隣接に波及し、その隣接の隣接へと波及していき、自らの個体に戻る（例：1→2→1、1→2→3→2→1）というフィードバック効果の存在を示している。

表4.1　空間計量経済モデルの直接効果と間接（スピルオーバー）効果

	直接効果	間接効果
OLS/SEM	β_k	0
SAR/SAC	$(I - \delta W)^{-1}\beta_k$の対角要素	$(I - \delta W)^{-1}\beta_k$の非対角要素
SLX/SDEM	β_k	θ_k
SDM/GNS	$(I - \delta W)^{-1}(\beta_k + W\theta_k)$の対角要素	$(I - \delta W)^{-1}(\beta_k + W\theta_k)$の非対角要素

資料：Elhorst（2014, p. 22）

4-1-3　推定例

　Anselin (1988)のオハイオ州コロンバスのクロスセクションデータを用いた推定例を紹介する。従属変数は犯罪率、説明変数は所得と住宅価格である。空間重み行列 W は行標準化した 1 次隣接行列とし、境界を共有していれば $w_{ij} = 1$、そうでなければ 0 の値をとる。表 4.2 は最尤法による推定結果、表 4.3 は直接効果、間接効果を示す。

　データを最もよく説明するモデルを調べる方法の 1 つに、異なるモデルの対数尤度関数（log-likelihood function）の値に基づく LR 検定（likelihood ratio test）がある。LR 検定は、$-2(logL_{restricted} - logL_{unrestricted})$ の統計量（制限数を自由度とするカイ二乗分布）に基づく。対数尤度関数の値は、標準モデルでは 13.776、外生的相互作用（WX）を含む SLX モデルでは 17.075 である。標準モデルに対する SLX モデルの LR 検定統計量は 6.598 である。自由度 2.5%有意水準の臨界値は 5.99 であることから、SLX モデルに対する標準モデルは棄却される。

　標準モデルを、内生的相互作用（WY）を含む SAR モデル、または誤差項の相互作用（Wu）を含む SEM モデルに拡張すると、相互作用を 1 つだけ追加したにも関わらず、対数尤度関数の値はさらに大きくなる。SAR と SEM モデルは入れ子（nested）になっていないため、どちらがより良いモデルであるかを判断することは困難である。標準モデルを出発点として、どちらがデータをより説明できるかについて判断する 1 つの方法に、Anselin (1988)の LM 検定あるいは Anselin et al. (1996)のロバスト LM 検定がある。両 LM 検定は、標準モデルの残差（自由度 1 のカイ二乗分布）に基づく。LM 検定の統計量は、SAR で 9.36、SEM で 5.72 であり、いずれも 5%有意水準で従属変数の空間的自己相関、誤差項の空間的自己相関のない仮説を棄却する。ロバスト LM 検定の統計量は、SAR で 3.72、SEM で 0.08 であり、従属変数の空間的自己相関のない仮説を 10%有意水準で棄却するが、誤差項の空間的自己相関のない仮説は棄却できない。したがって、ロバスト LM 検定の結果に基づくと、SAR モデルが支持される。

　SDM モデルは、SAR、SEM、SLX モデルを入れ子にする。LR 検定に基づくと、SDM は SLX モデルよりも優れているが（LR 検定 54.370、自由度 2 の臨界値は 5.99）、SAR モデル（LR 検定 1.994、自由度 1 の臨界値 3.84）や SEM モデル（LR 検定 3.974、自由度 2 の臨界値 5.99）よりも優れているとは言えない。SDEM は SLX と SEM を入れ子にする。LR 検定に基づくと、SDEM は SLX モデル（LR 検定 53.998、自由度 1 の臨界値 3.84）より優れているが、SEM（LR 検定 3.592、自由度 1 の臨界値 3.84）よりも優れているとは言えない。SDM と SDEM は入れ子になっていないため、どちらがデータをより説明するかについて判断することは困難である。SDM と SDEM を入れ子にする GNS モデルの推定は助けにならない。表 4.2 の結果に基づく GNS モデルの対数尤度関数の値の増加は小さく、SDM、SDEM、GNS モデルのどれがデータをより説明するかについて結論を導けない。

表 4.2　モデルの比較：犯罪率の推定結果

	標準モデル(OLS)	SAR	SEM	SLX	SAC	SDM	SDEM	GNS
切片	0.686**	0.451**	0.599**	0.750**	0.478**	0.428**	0.735**	0.509
	(14.49)	(6.28)	(11.32)	(11.32)	(4.83)	(3.38)	(8.37)	(0.75)
所得	-1.597**	-1.031**	-0.942**	-1.109**	-1.026**	-0.914**	-1.052**	-0.951**
	(-4.78)	(-3.38)	(-2.85)	(-2.97)	(-3.14)	(-2.76)	(-3.29)	(-2.16)
住宅価格	-0.274**	-0.266**	-0.302**	-0.290**	-0.282**	-0.294**	-0.276**	-0.286**
	(-2.65)	(-3.01)	(-3.34)	(-2.86)	(-3.13)	(-3.29)	(-3.02)	(-2.87)
W*犯罪率		0.431**			0.368*	0.426**		0.315
		(3.66)			(1.87)	(2.73)		(0.33)
W*所得				-1.371**		-0.52	-1.157**	-0.693
				(-2.44)		(-0.92)	(-2.00)	(-0.41)
W*住宅価格				0.192		0.246	0.112	0.208
				(0.96)		(1.37)	(0.56)	(0.73)
W*誤差項			0.562**		0.166		0.425**	0.154
			(4.19)		(0.56)		(2.69)	(0.15)
R^2	0.552	0.652	0.651	0.609	0.651	0.665	0.663	0.651
対数尤度	13.776	43.263	42.273	17.075	43.419	44.26	44.069	44.311

注）Elhorst (2014, Table 2.2) を基に作成。** $p < 0.05$, * $p < 0.1$。括弧内は t 値。W は1次隣接行列。

表 4.3　モデルの比較：犯罪率の限界効果

	標準モデル(OLS)	SAR	SEM	SLX	SAC	SDM	SDEM	GNS
直接効果								
所得	-1.597**	-1.086**	-0.942**	-1.109**	-1.063**	-1.024**	-1.052**	-1.032**
	(-4.78)	(-3.44)	(-2.85)	(-2.97)	(-3.25)	(-3.19)	(-3.29)	(-3.28)
住宅価格	-0.274**	-0.280**	-0.302**	-0.290**	-0.292**	-0.279**	-0.276**	-0.277
	(-2.65)	(-2.96)	(-3.34)	(-2.86)	(-3.10)	(-3.13)	(-3.02)	(0.32)
間接（スピルオーバー）効果								
所得		-0.727*		-1.371**	-0.560	-1.477*	-1.157**	-1.369
		(-1.95)		(-2.44)	(-0.18)	(-1.83)	(-2.00)	(0.02)
住宅価格		-0.188*		0.192	-0.154	0.195	0.112	0.163
		(-1.71)		(0.96)	(-0.39)	(0.66)	(0.56)	(-0.03)

注）Elhorst (2014, Table 2.3)を基に作成。** $p < 0.05$, * $p < 0.1$。括弧内は t 値。W は1次隣接行列。

表 4.3 は各モデルの直接効果と間接効果を示す。全体的な特徴としては、第 1 に、表 4.2 の係数と直接効果の差は比較的小さい。標準モデル、SEM、SLX、SDEM モデルの直接効果は係数と等しい。SAR、SDM、SAC、GNS モデルでは内生的相互作用（**WY**）があるため、直接効果が表 4.2 の係数と異なる。犯罪率に対する影響が近隣地域からその近隣地域へと波及し、自地域に戻るというフィードバック効果があるためである。GNS モデルでは、所得の直接効果は -1.032 であるが、係数は -0.951 であることから、フィードバック効果は -0.081（$=-1.032-(-0.951)$）となる。このフィードバック効果は、係数の 8.5% に相当する。第 2 に、異なるモデル間の直接効果の差は比較的小さい。空間計量経済モデルの所得の直接効果は SEM の -0.942 から SLX モデルの -1.109 までの範囲である。標準モデルのみ、直接効果が -1.597 と顕著に大きく、LM および LR 検定の結果と同様に、標準モデルは棄却される。空間相互作用も空間スピルオーバー効果も考慮しない標準モデルでは、直接効果（絶対値）が過大評価されている。住宅価格の係数は標準モデルの -0.274 から SEM の -0.302 までの範囲であり、モデル間の差は大きくない。t 値の差も GNS モデルを除いて大きくはない。この結果の理由の 1 つは、GNS モデルの **WY** の空間自己回帰係数の有意性が、（**Wu** の空間自己回帰係数と関係していることから）顕著に低下していることである。同様の現象は SAC モデルでも発生している。内生的相互作用が誤差項の相互作用と分離していると、両者の係数は有意になるが、結びついていると非有意になる。もう 1 つの理由は、異なるモデル間の t 値は GNS モデルを除いて比較的安定していることである。GNS モデルの t 値は低下する傾向がある。

　直接効果に対し、スピルオーバー（間接）効果のモデル間の差は顕著に大きい。全体的な特徴として、SDM、SDEM、GNS モデルに対して、標準モデル、SAR、SEM、SAC モデルは皆無あるいは誤ったスピルオーバー効果を生成する。例えば、住宅価格のスピルオーバー効果は、SLX、SDM、SDEM、GNS モデルでは正であるのに対し、標準モデルと SEM では 0、SAR と SAC モデルでは負になっている。SAR と SAC モデルはスピルオーバー効果と直接効果の比が各説明変数で一定という強い制約があり、スピルオーバー効果を適切に推定する上で問題がある。

　SLX、SDM、SDEM、GNS モデルのスピルオーバー効果は、所得が -1.157 から -1.477、住宅価格が 0.112 から 0.192 と概ね似たような大きさである。対して、t 値は異なり、SLX で比較的高い。LR 検定に基づくと、SDM および SDEM に対する SLX は棄却される。GNS モデルの t 値は相対的に小さい。Gibbons and Overnman (2012) が指摘するように、従属変数の相互作用および誤差項の相互作用を含むと識別が弱く、GNS モデルはパラメータ過多となり、全ての変数の有意性が下がる傾向がある。

4-2　空間パネルデータモデル

4-2-1　モデル

　経時的に収集可能な空間データの増加に伴い、空間パネルデータモデルおよびその応用が顕著に発展している。本節では、空間パネルデータを用いた基本的なモデルを解説する。空間パネルデータの GNS モデルは、（式4.9）のように表せる。

$$Y_t = \delta WY_t + \alpha\iota_N + X_t\beta + WX_t\theta + \mu \qquad (4.9\text{a})$$

$$u_t = \lambda Wu_t + \varepsilon_t \qquad (4.9\text{b})$$

　図4.1に示したクロスセクションの空間計量経済モデルと同様に制約を加えることで、標準モデル（OLS）、SAR、SEM、SLX、SAC、SDM、SDEM モデルになる。プーリングデータを使用したモデルでは、空間と時間の不均一性が問題となる。一般的に、空間に特有の時間不変の変数（μ_i）は従属変数に影響を与えるが、そうした変数を全て得ることは難しい。しかし、そうした変数を除いたモデルでは、クロスセクションの推定値にバイアスが生じる可能性がある。同様に、時間に固有の影響（ξ_t）を除いたモデルでは、時系列の推定値にバイアスが生じる可能性がある。

　空間および時間に固有の影響を含む時空間モデルを（式4.10）に表す。

$$Y_t = \rho WY_t + \alpha\iota_N + X_t\beta + WX_t\theta + \mu + \xi_t\iota_N + u_t \qquad (4.10\text{a})$$

$$u_t = \lambda Wu_t + \varepsilon_t \qquad (4.10\text{b})$$

　ここで、$\mu = (\mu_1, \ldots, \mu_N)^T$ である。空間および時間に固有の影響（μ_iとξ_t）は固定効果または変量効果として扱える。固定効果モデルでは、各空間および時間のダミー変数を含める（完全な多重共線性を避けるために変数を1つ除く）。一方、変量効果モデルでは、μ_iとξ_tが平均0、分散σ_μ^2とσ_ξ^2の独立同分布（i.i.d.）した変量変数として扱う。さらに、変量変数のμ_i、ξ_t、ε_{it}は互いに独立であると仮定する。

4-2-2　推定例

　Baltagi and Li（2004）の米国46州、30年間（1963～1992年）のたばこ消費に関するパネルデータセットを用いた推定例を紹介する。従属変数は14歳以上の一人当たりの実質たばこ販売数（パック数）、説明変数はたばこパックの平均小売価格および1人当たり実質可処分所得である。全ての変数は対数変換している。空間重み行列 W は行標準化した隣接行列を用いて、境界を共有していれば $w_{ij} = 1$、そうでなければ0の値をとる。

　表4.4に SDM モデルの推定例を示す。1列目は直接アプローチ（direct approach）による固定効果モデル、2列目は Lee and Yu（2010a）のバイアス修正（bias correction procedure）を行った固定効果モデルの推定値を示している。説明変数（X）およびσ^2の直接アプローチとバイアス修正後の係数の差は小さいが、従属変数と説明変数の空間ラグ（WYとWX）の係数はバイアス修正に対して比較的センシティブであることがわかる。Wald 検定および LR 検定の統計量から、SDM を SEM モデルに単純化できるという仮説（H_0: $\theta + \delta\beta = 0$）は棄却される（Wald 検定：8.98、自由度2、$p = 0.011$; LR 検定：8.23、自由度2、$p = 0.016$）。

87

同様に、SDM を SAR モデルに単純化できるという仮説（H₀: $\theta = 0$）も棄却される（Wald 検定：14.83、自由度 2、$p = 0.006$; LR 検定：15.75、自由度 2、$p = 0.004$）。したがって、SEM や SAR に対して SDM が支持される。

　表 4.4 の 3 列目は、（μ_i）を固定効果ではなく、確率変数（random variable）として扱った変量効果モデルの推定結果を示す。固定効果モデルに対する変量効果モデルの選択方法の 1 つにハウスマン検定がある。ハウスマン検定の結果は（30.61、自由度 5、$p < 0.01$）、変量効果モデルを棄却する。モデル選択のもう 1 つの方法は、データのクロスセクション部分に関連付けられた重みで 0 から 1 の間の値をとるパラメータ phi（Elhorst, 2014, Eq. 3.29 の φ^2）を推定する。このパラメータ phi が 0 の時、変量効果モデルは固定効果モデルになり、1 の時は空間固定効果を全くコントロールしないモデルとなる。表 4.4 の結果では phi = 0.087（$t = 6.81$）であり、ハウスマン検定結果と同様に、変量効果モデルと固定効果モデルは有意に異なることを示している。

表 4.4　SDM の推定結果

	(1)固定効果		(2)固定効果 （バイアス修正）		(3)変量効果	
W*Log(C)	0.219	(6.67)	0.264	(8.25)	0.224	(6.82)
Log(P)	-1.003	(-25.02)	-1.001	(-24.36)	-1.007	(-24.91)
Log(Y)	0.601	(10.51)	0.603	(10.27)	0.593	(10.71)
W*Log(P)	0.045	(0.55)	0.093	(1.13)	0.066	(0.81)
W*Log(Y)	-0.292	(-3.73)	-0.314	(-3.93)	-0.271	(-3.55)
Phi					0.087	(6.81)
σ^2	0.005		0.005		0.005	
R^2	0.901		0.902		0.880	
修正済みR2	0.400		0.400		0.317	
LogL	1691.4		1691.4		1555.5	
Wald検定（空間ラグ）	14.83 (p = 0.006)		17.96 (p = 0.001)		13.90 (p = 0.001)	
LR検定（空間ラグ）	15.75 (p = 0.004)		15.80 (p = 0.004)		14.48 (p = 0.000)	
Wald検定（空間誤差）	8.98 (p = 0.011)		8.18 (p = 0.017)		7.38 (p = 0.025)	
LR検定（空間誤差）	8.23 (p = 0.016)		8.28 (p = 0.016)		7.27 (p = 0.026)	

注）Elhorst (2014, Table 3.3) を基に作成。モデル(1)、(2)は時間と空間の固定効果を含む固定効果モデル。モデル(3)は時間の固定効果を含む変量効果モデル。括弧内は係数のt値、検定のp値。修正済みR^2は固定効果を考慮しないR^2。

表 4.5　SDM：限界効果

	(1)固定効果	(2)固定効果 （バイアス修正）	(3)変量効果
Log(P)の直接効果	-1.015	-1.013	-1.018
	(-24.34)	(-24.73)	(-24.64)
Log(P)の間接効果	-0.210	-0.220	-0.199
	(-2.40)	(-2.26)	(-2.28)
Log(P)の総合効果	-1.225	-1.232	-1.217
	(-12.56)	(-11.31)	(-12.43)
Log(Y)の直接効果	0.591	0.594	0.586
	(10.62)	(10.45)	(10.68)
Log(Y)の間接効果	-0.194	-0.197	-0.169
	(-2.29)	(-2.15)	(-2.03)
Log(Y)の総合効果	0.397	0.397	0.417
	(5.05)	(4.61)	(5.45)

注）Elhorst (2014, Table 3.3)を基に作成。括弧内は t 値。

　表 4.4 の推定結果に基づく直接効果、間接効果、総合効果を表 4.5 に示す。SDM の固定効果（バイアス修正）モデル(2)において、所得および価格の直接効果は 0.594 および−1.013 である。表 4.4 に示していないが、非空間固定効果モデルから推定された所得弾力性および価格弾力性は 0.529 および−1.035 であり、それぞれ 10.9%（=(0.529−0.594)/0.594）および 2.2%（=(−1.035−(−1.013))/ −1.013)過小評価していることを意味する。所得の直接効果は 0.594、係数は 0.603 であるため、フィードバック効果は−0.009、すなわち直接効果の−1.5%である。価格の直接効果は−1.013、係数は−1.001 であるため、フィードバック効果は 0.012、すなわち直接効果の 1.2%である。価格変数のフィードバック効果は 0.012、すなわち直接効果の 1.2%である。これらのフィードバック効果は比較的小さい。一方、所得の間接効果は直接効果の−33.2%（=−0.197/0.594）、価格の間接効果は直接効果の 21.7%（=−0.220/−1.013）となっている。これら 2 つの変数の間接効果は有意であり、ある州の所得あるいは価格が変化すると、その州だけでなく、近隣の州のたばこ消費量が変化することを意味する。

　説明変数の空間ラグの推定値は、間接効果と符号や有意性が異なる可能性がある。例えば価格の空間ラグの係数は正で非有意だが（表 4.4）、間接効果は負で有意である（表 4.5）。

　表 4.5 に示す t 値は、直接効果に対して間接効果の方が相対的に小さい。価格の場合、直接効果が−24.73 に対して間接効果は−2.26、所得は 10.45 に対して−2.15 である。間接効果が有意であるためには、しばしば多くの経時的な観測数が必要となる。短期間のパネルデータの場合、説明変数の空間ラグの係数が同時に有意である仮説（$H_0: \boldsymbol{\theta} = \boldsymbol{0}$）が棄却される傾向がある。この場合、SAR モデルの採用がしばしば検討されるが、SAR モデルには直接効果と間接効果の比が各説明変数で等しいという強い制約がある。表 4.5 では、間接効果と直接効果の比が、価格は正で有意（21.7%）、所得は負で有意（−33.2%）と全く異なるが、SAR モデルではこれらの比が等しいという非現実的な制約が課される。そのため、$\boldsymbol{\theta}$ の有意性だけで SAR モデルを採用する判断は推奨されない。

第5章　都市防災整備の効果

　本章では、都市防災整備の効果を定量的に分析する。具体的には、ヘドニックアプローチを用いて、地震リスクの軽減により地価がどの程度上昇するのか検証する。その際、空間計量経済学のモデルを用いることで、都市防災整備が当該地域だけではなく周辺地域にどのような影響をもたらすのかについても検証する。これまで、地震リスク情報の提供や変更が不動産価格に与える影響や、地震リスク認知の変化が不動産価格に与える影響を分析した研究など、地震リスクと不動産価格の関係に注目した研究は一定の蓄積がある。しかし、地震リスクを軽減させる都市防災整備の効果を検証した研究はそれほどない。そこで、本研究では、都市防災整備に着目し、都市防災整備の直接効果および間接効果の推定を試みた。

5-1　分析モデル

　本研究では、非空間パネルデータモデルと空間パネルデータモデルの両方を採用し、地震リスク軽減が地価に与える影響を検証する。ここで、空間パネルデータモデルを採用することで、地震リスク軽減の波及効果を検証することが可能である。また、欠落変数バイアスを考慮するために、両モデルでは固定効果モデルを採用する。

　まず、下記の非空間パネルデータモデルを推定する。

$$Y_t = X_t \beta + v + \epsilon_t, \, (t = 1, 2, ..., T) \tag{5.1}$$

　t は時間（年）を示し、Y_t は t 年の $N \times 1$ の被説明変数ベクトル、β は $K \times 1$ 行列、X_t は地震リスク指標と定数項を含む説明変数の $N \times K$ 行列、v は時間によって変わらない標準地固有の要素、ϵ_t は $N \times 1$ の誤差項ベクトルである。

　次に、空間パネルデータモデルを推定する。

$$Y_t = \lambda W Y_t + X_t \beta + W X_t \theta + v + u_t, \tag{5.2}$$
$$u_t = \rho M u_t + \varepsilon_t \quad (t = 1, 2, ..., T)$$

　$\mathbf{W}$ および $\mathbf{M}$ は $N \times N$ の空間重み行列、$\rho \mathbf{M} u_t$ は空間的従属性のある誤差項、ε_t は空間的従属性のない誤差項である。空間重み行列は、距離が指定された閾値（ここでは 500m）より大きい場合に 0 となる逆距離行列を使用する。また、行は正規化されているため、各行の合計は 1 となる。

　被説明変数は住宅地の公示地価の対数を採用し、説明変数には地震リスク指標（地域危険度や密集市街地に関する指標）、コントロール変数、年ダミーを採用した。

5-2　使用データ

　本研究では、2 つの地震リスク指標を用いる。1 つは、東京都が約 5 年おきに公表している地域危険度である。ここでは、第 5 回（2002 年）、第 6 回（2008 年）、第 7 回（2013 年）、第 8 回（2018 年）の 4 回分の地域危険度のデータを用いる。地域単位は町丁目であり、3 つの指標（建物倒壊危険度、火災危険度、総合危険度）が公表されている。これらは 1（最も安全）から 5（最も危険）のランクで評価されている。ただし、この指標は相対評価であるため、2002 年から 2018 年の間で、地域の地震リスクが同じまたは軽減されたとしても、ほかの地域がより安全になった場合には、ランクが上がる可能性がある。各回の地域危険度で評価された地区数は、第 5 回（2002 年）が 5,073 地区、第 6 回（2008 年）が 5,099 地区、第 7 回（2013 年）が 5,133 地区、第 8 回（2018 年）が 5,177 地区である。

　本研究では、第 8 回（2018 年）の町丁目境界を用いて、建物倒壊危険度、火災危険度、総合危険度の町丁目レベルのパネルデータを作成した。この過程で、2002 年から 2018 年の間で町名の変更や合併等があった地域、境界が変化した地域は除いている。また、複数の地域に分割された場合は、分割される前のランクをそのまま振り分けた。最終的にパネルデータ化できた地区数は、5,128 地区となった。図 5.1 は、第 8 回（2018 年）の総合危険度である。これを見ると、東部に危険な地域が集中しており、いわゆる下町と呼ばれる地域に集中している。これらの地域は、建物の更新がなかなか進まず、結果として老朽化した木造住宅が密集してしまっていることから、延焼の危険性や建物倒壊の危険性が非常に高い地域である。各調査期間における総合危険度ランクの変動は、5,128 地区のうち、第 5 回（2002 年）から第 6 回（2008 年）に 1,446 地区（28%）、第 6 回（2008 年）から第 7 回（2013 年）に 934 地区（18%）、第 7 回（2013 年）から第 8 回（2018 年）に 2,113 地区（41%）で変動が観察された。また本来、ランクが 5 から 4 に低下した場合と、2 から 1 に低下した場合では、地価に与える影響は異なることが考えられるが、本研究では簡単化のために、ランクの低下による地価への影響はランク間で同じと仮定する。

　もう 1 つの地震リスク指標は、密集市街地である。密集市街地とは一般的に、老朽化した木造住宅が密集し、地震時に火災・延焼の危険性が非常に高く、建物倒壊による道路閉塞の危険性も高い地域である。本研究では、2012 年、2015 年、2016 年、2017 年の密集市街地のデータ（国土交通省提供）を使用する。このデータによると、東京都の密集市街地は 2012 年時点で 1,683 ha 存在していたが、2017 年度末には 482 ha に減少している。また、最新のデータによると 2019 年度末には、267 ha まで減少している。

　被説明変数には、国土数値情報が提供する住宅地の公示地価ポイントデータを用いる。公示地価とは、毎年一月一日時点の標準地の単位面積当たりの地価であり、毎年三月に公示される。ここで、標準地とは、地価公示法施行規則第 3 条によると「土地の用途が同質と認められるまとまりのある地域において、土地の利用状況、環境、地積、形状等が当該地域において通常であると認められる一団の土地」であり、①代表性：当該区域の地価水準をできる限り代表しうるもの、②中庸性：土地の利用状況、環境、地積、形状等が中庸のもの、③安定性：安定した土地の利用状況に配慮したもの、④確定性：明確に他の土地と区別でき、範囲が特定できるものというすべての条件を満たす土地のことである。標準地については毎年点検を行っており、上述した条件に合致しているか検討し、4 つの条件のうち一つでも欠けていた場合、選定替を行っている。

　そこで本研究では、2019 年の公示地価ポイントデータをベースに balanced panel data を作成した。2019 年の東京都（離島を除く）における標準地は 1,693 地点あり、そのうち 2002 年以降同一の標準地は 986 地点、2012 年以降同一の標準値は 1,164 地点である。地域危険度は町丁目レベルであるため、ポイントデータと空

間結合した[2]。

　コントロール変数には、最寄りの駅までの直線距離と人口密度を採用した。駅データは、国土数値情報の鉄道時系列データを使用した。ただし、2012年から2017年の間に、密集市街地を用いたモデルの分析対象地域において新しい駅は開設されていないため、密集市街地を用いたモデルではコントロール変数に含めない。人口密度は、町丁目レベルの1キロ平方メートルあたりの人口で、東京都の住民基本台帳から人口を把握し、2015年の国勢調査の境界を用いてパネルデータ化した。ここで、分析対象期間において町丁目名の変更、合併、分割が起きた地区はサンプルから除外している。

　表5.1と表5.2は記述統計量である。分析に使ったサンプル数は、地域危険度に関する分析で3,796（n=949、T=4）サンプル、密集市街地に関する分析で4,604（n=1,151、T=4）サンプルである。

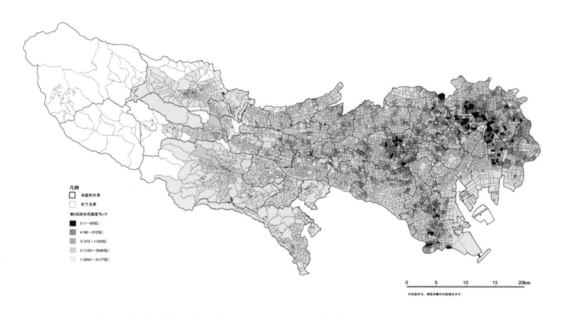

（出所）東京都「地震に関する地域危険度測定調査（第8回）」

図 5.1　第 8 回総合危険度ランク

---

[2] 公示地価は一月一日時点の地価であるが、地域危険度はその年の下期に公表されている。

表 5.1 記述統計量（地域危険度）

	平均	標準偏差	最小	最大
公示地価（円/㎡）	344556	278561	37400	4010000
建物倒壊危険度	1.704	0.871	1	5
火災危険度	1.809	0.944	1	5
総合危険度	1.785	0.923	1	5
最寄り駅までの距離（m）	839	665	42	4751
人口密度（人/km㎡）	12332	6742	93	43850

N＝3,796(n=949,T=4)

表 5.2 記述統計量（密集市街地）

	平均	標準偏差	最小	最大
公示地価（円/㎡）	346070	301114	31600	3750000
密集市街地ダミー	0.009	0.095	0	1
最寄り駅までの距離（m）	826	654	42	4751
人口密度（人/km㎡）	12858	7175	53	55589

N＝4,604(n=1,151,T=4)

5-3 推定結果

　表5.3は、地域危険度に関する推定結果である。ただし、空間固定効果モデルの係数は限界効果ではないため、表5.4に各モデルの平均限界効果をまとめた。以下では表5.4をもとに記述する。

　まず、非空間固定効果モデルを見てみると、建物倒壊危険度、火災危険度、総合危険度の限界効果がすべて有意で負の値となっている。この結果から、建物倒壊危険度のランクが1低下すると地価が1.64%上昇、火災危険度のランクが1低下すると地価が1.16%上昇、総合危険度のランクが1低下すると地価が1.8%上昇することが明らかになった。

　次に、空間固定効果モデルを見てみる。まず、建物倒壊危険度については、直接効果のみ有意で負の限界効果であったが、間接効果は有意ではなかった。これは、建物倒壊リスクはその地域の地価にマイナスに影響するが、隣接地域の地価には影響しないということであり、建物倒壊リスクの軽減による周辺地域への正のスピルオーバー効果はないこと意味する。実際に、建物倒壊による道路閉塞の危険性等は、その地域および非常に近くの地域には影響するが、遠くの地域にはあまり影響がないと考えられる。

　次に、火災危険度については、総効果、直接効果、間接効果がすべて有意で負の限界効果であった。したがって、火災リスクはその地域の地価にマイナスに影響し、かつ周辺地域の地価にもマイナスに影響するということであり、火災リスクの軽減による周辺地域への正のスピルオーバー効果があることが明らかになった。火災リスクは、その地域が火元となるリスクと共に周辺地域へ延焼するリスクもある。木造住宅が密集する地域における火災として、平成28年12月22日に発生した新潟県糸魚川市の大規模火災が記憶に新しい。火災が発生してから瞬く間に延焼が広がり、焼損棟数は147棟（全焼120棟、半焼5棟、部分焼22棟）、焼損床面積は30,213.45m²にもおよぶ大規模火災であったが、その延焼したエリアの約9割が木造住宅であった。このように火災リスクが非常に高い地域においては、周辺地域に延焼が広がるリスクが非常に高いため、老朽木造住宅が密集するような火災危険度の高い地域を整備し、火災リスクを軽減することは、周辺地域へプラスに影響すると考えられる。また、建物倒壊危険度と火災危険度を考慮した総合危険度は、火災危険度同様、総効果、直接効果、間接効果がすべて有意で負の限界効果であった。

　最後に、非空間固定効果モデルの総効果（限界効果）と、空間固定効果モデルの総効果を比較すると、すべての危険度において空間固定効果モデルのほうが、約2倍以上影響が大きいことが分かる。非空間固定効果モデルでは、火災危険度のランクが1低下すると地価が1.16%上昇、総合危険度のランクが1低下すると地価が1.8%上昇するが、空間固定効果モデルでは、火災危険度のランクが1低下すると地価が3.7%上昇、総合危険度のランクが1低下すると地価が3.58%上昇する。このように、周辺地域への影響（間接効果）を考慮しない場合、防災整備の効果を過少評価してしまうことが明らかになった。

表 5.3　推定結果（地域危険度）

被説明変数： log(公示地価)	非空間固定効果モデル			空間固定効果モデル 閾値500m		
建物倒壊危険度	-0.0164 **			-0.0072 *		
	(0.0082)			(0.0042)		
火災危険度		-0.0116 ***			-0.0041	
		(0.0039)			(0.0033)	
総合危険度			-0.0180 ***			-0.0234 ***
			(0.0036)			(0.0063)
ln(最寄り駅までの距離)	-0.1129 ***	-0.1089 ***	-0.1077 ***	0.0131	0.0156	-0.0060
	(0.0125)	(0.0126)	(0.0122)	(0.0213)	(0.0214)	(0.0514)
ln(人口密度)	0.1767 ***	0.1770 ***	0.1752 ***	0.0269 **	0.0274 **	0.1368 ***
	(0.0456)	(0.0458)	(0.0455)	(0.0134)	(0.0134)	(0.0298)
2008年ダミー	0.0540 ***	0.0543 ***	0.0541 ***	0.0092 ***	0.0092 ***	0.0655 ***
	(0.0066)	(0.0064)	(0.0065)	(0.0024)	(0.0024)	(0.0151)
2013年ダミー	-0.1110 ***	-0.1111 ***	-0.1110 ***	-0.0218 ***	-0.0220 ***	-0.1448 ***
	(0.0065)	(0.0064)	(0.0064)	(0.0036)	(0.0036)	(0.0164)
2018年ダミー	-0.0372 ***	-0.0371 ***	-0.0340 ***	-0.0088 ***	-0.0084 ***	-0.0429 ***
	(0.0088)	(0.0085)	(0.0085)	(0.0027)	(0.0026)	(0.0161)
定数項	11.6935 ***	11.6578 ***	11.6770 ***			
	(0.4482)	(0.4485)	(0.4452)			
W×建物倒壊危険度				0.0026		
				(0.0044)		
W×火災危険度					-0.0029	
					(0.0034)	
W×総合危険度						-0.0230 ***
						(0.0065)
W×ln(最寄り駅までの距離)				-0.0186	-0.0164	-0.0153
				(0.0220)	(0.0221)	(0.0529)
W×ln(人口密度)				0.0261 *	0.0234 *	0.1390 ***
				(0.0140)	(0.0139)	(0.0306)
W×被説明変数				0.8128 ***	0.8118 ***	-0.2968 ***
				(0.0240)	(0.0242)	(0.0667)
W×誤差項				-0.2860 ***	-0.2881 ***	0.8156 ***
				(0.0678)	(0.0679)	(0.0236)
決定係数	0.363	0.3627	0.3658	0.4136	0.3573	0.3619
サンプルサイズ	3796			1176		

注：***, **, * はそれぞれ推計された係数が1%, 5%, 10%水準で統計的に有意であることを示す。カッコ内は町丁目を単位とした
クラスタ頑健な標準誤差。

表 5.4　平均限界効果（地域危険度）

被説明変数： log(公示地価)	非空間固定効果モデル	空間固定効果モデル 閾値500m		
		総効果	直接効果	間接効果
建物倒壊危険度	-0.0164 **	-0.0250	-0.0142 *	-0.0108
	(0.0082)	(0.0177)	(0.0082)	0.0102
火災危険度	-0.0116 ***	-0.0370 ***	-0.0170 ***	-0.0200 ***
	(0.0039)	(0.0127)	(0.0060)	(0.0073)
総合危険度	-0.0180 ***	-0.0358 ***	-0.0188 ***	-0.0170 ***
	(0.0036)	(0.0095)	(0.0051)	(0.0051)

注：***, **, * はそれぞれ推計された係数が1%, 5%, 10%水準で統計的に有意であることを示す。カッ
コ内は町丁目を単位としたクラスタ頑健な標準誤差。

続いて、表 5.5 は密集市街地に関する推定結果である。ただし、空間固定効果モデルの係数は限界効果ではないため、表 5.6 に各モデルの平均限界効果をまとめた。以下では表 5.6 をもとに記述する。

まず非空間固定効果モデルでは、密集市街地ダミーの限界効果は有意で負の値となった。この結果から、防災整備を進めることで密集市街地が一般市街地と同程度の安全性に向上した場合、地価は約 2.4％上昇することが明らかになった。宅間（2007）では、異なる密集市街地のデータを使用しているものの、上記の数値は約 2.06〜2.88％であり、大きな違いはない。

次に、空間固定効果モデルでは、総効果と直接効果のみ有意で負の値となり、間接効果はマイナスであるが有意ではなかった。したがって、密集市街地を解消することで当該地域の地価は上がるが、隣接地域までは波及せず、スピルオーバー効果は確認できなかった。

これらの結果から、密集市街地解消による便益を簡単に推計してみる。2012 年における密集市街地の平均住宅地価格は 1 ㎡あたり 415,500 円であった。この価格と非空間固定効果モデルの限界効果を用いて計算すると、全密集市街地を一般市街地と同等の安全性に引き上げた場合、約 1,210 億円の便益が発生する。また、スピルオーバー効果を考慮した空間固定効果モデルの限界効果を用いると約 1,410 億円の便益が発生することが明らかになった。

表 5.5　推定結果（密集市街地）

被説明変数： log(公示地価)	非空間固定効果モデル	空間固定効果モデル 閾値500m
密集市街地ダミー	-0.0240 ***	-0.0151 *
	(0.0083)	(0.0079)
ln(人口密度)	0.2305 ***	0.1640 ***
	(0.0267)	(0.0102)
2015年ダミー	0.0152 ***	0.0200 ***
	(0.0011)	(0.0014)
2016年ダミー	0.0295 ***	0.0388 ***
	(0.0014)	(0.0015)
2017年ダミー	0.0446 ***	0.0588 ***
	(0.0018)	(0.0016)
定数項	10.3550 ***	
	(0.2464)	
W×密集市街地ダミー		-0.0224
		(0.0196)
W×ln(人口密度)		0.1248 ***
		(0.0172)
W×被説明変数		0.0476 *
		(0.0259)
W×誤差項		0.4486 ***
		(0.0217)
決定係数	0.5638	0.0038
サンプルサイズ	4604	3124

注：***, **, * はそれぞれ推計された係数が1%, 5%, 10%水準で統計的に有意であることを示す。カッコ内は町丁目を単位としたクラスタ頑健な標準誤差。

表 5.6　平均限界効果（密集市街地）

被説明変数： log(公示地価)	非空間固定効果モデル	空間固定効果モデル 閾値500m		
		総効果	直接効果	間接効果
密集市街地ダミー	-0.0240 ***	-0.0278 *	-0.0156 *	-0.0122
	(0.0083)	(0.0154)	(0.0081)	(0.0104)

注：***, **, * はそれぞれ推計された係数が1%, 5%, 10%水準で統計的に有意であることを示す。カッコ内は町丁目を単位としたクラスタ頑健な標準誤差。

まとめ

　首都圏およびその周辺における地震リスクは非常に高く、南関東地域でマグニチュード7クラスの地震が発生する確率が今後30年間で70%と言われている。このような中、東京都は2012年より「木密地域不燃化10年プロジェクト」を進めており、一定の成果を上げている。また、2020年東京オリンピック関連の再開発事業が進むなど、様々な都市インフラ整備が急速に進み、都市の安全性は大幅に向上している。一方で、これらの都市防災整備はどれほどの効果があったのかを検証した研究はほとんどない。既存研究のほとんどが、地震リスクが地価にどのように影響するのか、地震リスク情報の提供・変更が主観的リスク認知に影響するのかなどに注目しており、地震リスク軽減効果の検証に注目した研究はない。

　そこで、本研究では、東京都が5年おきに公表している地域危険度および国土交通省が公表している密集市街地のデータと、地価公示価格のパネルデータを用いて、都市防災インフラの社会的便益の推定を試みた。また、空間計量経済学のモデルを用いることで、従来では推定が困難であったインフラ整備の波及効果の推定にも試みている。

　まず、既存資料を基に地震リスクについてまとめた。これによると、首都直下地震および南海トラフ巨大地震の発生確率は非常に高く、その被害も甚大であることが想定されており、政府や各自治体でさまざまな対策が行われていることが分かった。これにより、密集市街地が大幅に解消されており、これらの対策は一定の効果を得ていることが明らかになった。

　次に、地震リスク軽減の効果を定量的に分析した。分析にはヘドニックアプローチを用いており、地震リスク軽減の効果を地価の上昇率を用いて推定した。その結果、周辺地域への波及効果を考慮すると、火災危険度のランクが1低下すると地価は3.7%上昇し、総合危険度のランクが1低下すると地価は3.58%上昇することが明らかになった。また、密集市街地がすべて解消された場合、密集市街地の地価は全体で約2.4%〜2.78%上昇することが明らかになった。この結果を用いて密集市街地の解消による便益を推定すると、約1,210億円〜1,410億円の便益が発生するという結果となった。

　今後の課題として、都市防災整備の費用、特に密集市街地対策の費用を計算し、費用便益分析より、これまでの防災整備が効率的であったかどうかを検証したい。また、本研究では地震リスクのみを扱ったが、近年では水害による被害も多く、水害などの地震以外の自然災害リスク軽減の効果についても検証したい。

補論1　密集市街地の定義と整備目標

　密集市街地の改善は多くの自治体が長年抱える課題であり、地震リスクの高い地域においては早急に対応しなければならない。しかし、日本は戦後の復興期から高度経済成長期にかけて、十分に区画整備がされないまま市街地が形成されたため、住宅の更新時期を迎えたにも関わらず、狭あい道路や狭小敷地、権利関係が複雑なことなどが影響し、建替えが進みにくいという問題を抱えている。

　そこで政府は 2001 年 3 月閣議決定の第八期住宅建設五箇年計画において、老朽化した木造住宅が密集している危険な地域を「緊急に改善すべき密集住宅市街地」という定義で明確化し、住宅市街地の基礎的な安全性を確保するための指針を示した。「緊急に改善すべき密集住宅市街地」の定義は、下記(1)の住宅市街地の密集度の基準に該当するもののうち、(2)の倒壊危険性又は(3)の延焼危険性等の基準に該当するもの（これらと同等の水準を規定すると認められる基準に該当するものを含む。）としている。

(1) 住宅市街地の密集度
　　1 ヘクタール当たり 80 戸以上の住宅が密集する一団の市街地であること（市街地の街区の特性を勘案して一戸当たりの敷地面積が著しく狭小な住宅（3 階建て以上の共同住宅を除く）が大半（2/3 以上）を占める街区を含むものに限る。）

(2) 倒壊危険性
　　大規模地震による倒壊危険性の高い住宅が過半を占めていること

(3) 延焼危険性及び避難、消火等の困難性
　　耐火に関する性能が低い住宅が大半（2/3 以上）を占めており、かつ、幅員 4m 以上の道路に適切に接していない敷地に建つ住宅が過半を占めていること

　その後、2001 年 12 月に都市再生本部における「都市再生プロジェクト」第三次決定にて、密集市街地の緊急整備について取り上げられた。地震時に大きな被害が想定される危険な密集市街地は、東京都、大阪府それぞれ約 6,000ha、全国で約 25,000ha 存在している。その中でも特に大火の可能性が高い危険な市街地については、東京都、大阪府それぞれ約 2,000ha、全国で約 8,000ha 存在しており、その地域を対象に重点的に整備することで、今後 10 年間で最低限の安全性を確保することを目標とした。具体的には、未整備都市計画道路や公園、沿道などの整備や、工場跡地等低未利用地の活用、電線類の地中化が挙げられる。

　さらに、2003 年 7 月に国土交通省において、「地震時等において大規模な火災の可能性があり重点的に改善すべき密集市街地」（以下、「重点密集市街地」という。）についての早急な改善が課題として挙げられた。「重点密集市街地」とは、密集市街地のうち、延焼危険性が特に高く地震時等において大規模な火災の可能性があり、そのままでは今後 10 年以内に最低限の安全性[3]を確保することが見込めないことから重点的な改善が必要な密集市街地のことを指す。重点密集市街地は全国で約 8,000ha、東京都、大阪府それぞれ約 2,000ha 存在し、市町村別の詳細は、表 1 の通りである。

---

[3] 「最低限の安全性」とは、安全確保のための当面の目標として、地震時等において同時多発火災が発生したとしても、際限なく延焼することがなく、大規模な火災による物的被害を大幅に低減させ、避難困難者がほとんど生じないことをいい、市街地の燃えにくさを表わす指標である不燃領域率で 40％以上を確保すること等をいう。

表1 「地震時等において大規模な火災の可能性があり重点的に改善すべき密集市街地」
の地区数、面積一覧

「地震時等において大規模な火災の可能性があり重点的に改善すべき密集市街地」の地区数、面積一覧

都道府県別		市区町村別		
都道府県名	重点密集市街地面積)	市区町村名	重点密集市街地 地区数、面積)	
北海道	1ha	函館市	1地区	1ha
青森県	51ha	青森市	7地区	23ha
		弘前市	2地区	6ha
		八戸市	5地区	22ha
岩手県	-		-	-
宮城県	39ha	仙台市	5地区	36ha
		石巻市	1地区	2ha
		気仙沼市	1地区	1ha
秋田県	-		-	-
山形県	-		-	-
福島県	-		-	-
茨城県				
栃木県				
群馬県				
埼玉県	120ha	さいたま市	1地区	2ha
		川口市	2地区	54ha
		秩父市	1地区	6ha
		本庄市	3地区	19ha
		戸田市	1地区	5ha
		鳩ヶ谷市	3地区	34ha
千葉県	474ha	千葉市	6地区	51ha
		市川市	22地区	189ha
		船橋市	14地区	77ha
		松戸市	5地区	148ha
		浦安市	1地区	9ha
東京都	2,339ha	文京区	2地区	54ha
		台東区	1地区	19ha
		墨田区	1地区	179ha
		品川区	1地区	252ha
		目黒区	3地区	175ha
		大田区	2地区	164ha
		世田谷区	3地区	230ha
		渋谷区	1地区	57ha
		中野区	2地区	152ha
		杉並区	1地区	155ha
		豊島区	4地区	152ha
		北区	3地区	188ha
		荒川区	2地区	154ha
		板橋区	3地区	132ha
		練馬区	2地区	87ha
		足立区	3地区	125ha
		葛飾区	1地区	22ha
		江戸川区	2地区	42ha
神奈川県	749ha	横浜市	23地区	660ha
		川崎市	5地区	39ha
		横須賀市	2地区	32ha
		秦野市	1地区	19ha
新潟県	-		-	-
富山県	4ha	新湊市	1地区	4ha
石川県	35ha	金沢市	3地区	35ha
福井県	-		-	-
山梨県	-			
長野県	10ha	長野市	5地区	10ha
岐阜県	4ha	岐阜市	1地区	4ha
静岡県	2ha	東伊豆町	1地区	2ha
愛知県	142ha	名古屋市	4地区	123ha
		岡崎市	1地区	4ha
		安城市	1地区	16ha
三重県	19ha	桑名市	1地区	8ha
		尾鷲市	1地区	2ha
		熊野市	1地区	2ha
		南島町	1地区	3ha
		紀伊長島町	2地区	5ha
滋賀県	10ha	大津市	2地区	10ha
京都府	373ha	京都市	59地区	364ha
		城陽市	1地区	2ha
		向日市	3地区	7ha

都道府県別		市区町村別		
都道府県名	重点密集市街地面積)	市区町村名	重点密集市街地 地区数、面積)	
大阪府	2,295ha	大阪市	22地区	1,360ha
		堺市	1地区	17ha
		豊中市	2地区	255ha
		守口市	2地区	206ha
		寝屋川市	3地区	248ha
		門真市	1地区	134ha
		摂津市	1地区	26ha
		東大阪市	1地区	49ha
兵庫県	295ha	神戸市	6地区	204ha
		尼崎市	4地区	85ha
		明石市	1地区	6ha
奈良県	77ha	奈良市	4地区	26ha
		大和高田市	1地区	1ha
		大和郡山市	2地区	10ha
		天理市	1地区	4ha
		橿原市	2地区	5ha
		五条市	1地区	1ha
		香芝市	1地区	13ha
		上牧町	1地区	1ha
		王寺町	2地区	15ha
和歌山県	61ha	和歌山市	3地区	6ha
		海南市	2地区	25ha
		橋本市	1地区	7ha
		田辺市	1地区	2ha
		新宮市	5地区	7ha
		かつらぎ町	1地区	8ha
		高野口町	3地区	3ha
		印南町	1地区	3ha
鳥取県	5ha	岩美町	2地区	5ha
島根県	-			
岡山県	36ha	岡山市	4地区	30ha
		倉敷市	1地区	2ha
		笠岡市	1地区	4ha
広島県	127ha	広島市	8地区	73ha
		呉市	1地区	7ha
		尾道市	1地区	6ha
		府中町	1地区	41ha
山口県	11ha	下関市	1地区	11ha
徳島県	18ha	徳島市	1地区	3ha
		鳴門市	2地区	3ha
		由岐町	3地区	10ha
		牟岐町	2地区	2ha
香川県	3ha	丸亀市	1地区	3ha
愛媛県	3ha	宇和島市	1地区	3ha
高知県	58ha	高知市	6地区	58ha
福岡県	194ha	北九州市	3地区	52ha
		福岡市	8地区	84ha
		飯塚市	1地区	1ha
		田川市	2地区	17ha
		山田市	1地区	4ha
		鞍手町	2地区	5ha
		稲築町	3地区	19ha
		穂波町	2地区	2ha
		頴田町	1地区	5ha
		香春町	2地区	5ha
		方城町	1地区	2ha
佐賀県	23ha	唐津市	5地区	14ha
		厳木町	1地区	6ha
		呼子町	1地区	2ha
長崎県	297ha	長崎市	5地区	297ha
熊本県	46ha	熊本市	4地区	46ha
大分県	27ha	大分市	2地区	26ha
		別府市	1地区	1ha
宮崎県	8ha	日向市	1地区	8ha
鹿児島県	17ha	鹿児島市	1地区	7ha
		名瀬市	4地区	11ha
沖縄県	-		-	-
合計	7,971ha			

注1) 既往の統計資料等を用いた推計値であり、概数である。 (小数点1桁で四捨五入しているため合計値が一致しない場合がある。)
注2) 重点密集市街地」に係る詳細等の問い合わせは別紙2を参照。

(出所)国土交通省(2003)

「重点密集市街地」の具体的な把握フローは以下の通りである。

① 延焼危険性等の把握（町丁目等の単位）

下記(1)~(3)のうち、全ての条件を満たす密集市街地を把握する。

（1） 住宅の密集度

80戸／ha以上の住宅が密集する一団の市街地であること（市街地の街区の特性を勘案して一戸当たりの敷地面積が著しく狭小な住宅（3階建て以上の共同住宅を除く）が2/3以上を占める街区を含むものに限る）

（2） 延焼危険性

耐火に関する性能が低い住宅が木防率2/3以上を占めていること（不燃領域率40％未満に相当）

（3） 避難、消火等の困難性

幅員4m以上の道路に適切に接していない敷地に建つ住宅が過半を占めること

② 「地震時等において大規模な火災の可能性があり重点的に改善すべき密集市街地」の抽出

今後10年以内に最低限の安全性（不燃領域率40％以上又は木防率2/3未満）を確保することが見込めない、一定の規模要件（1ha以上）を満たす市街地を抽出

③ 地域の実情を踏まえた精査

・ 前述の不燃領域率等による抽出基準を満たさないものの、道路条件が不良、権利関係が複雑等によりこれ以上の建物の更新が見込めないもの等 最低限の安全性を確保するため重点整備が必要なものについては追加。

・ 前述の不燃領域率等による抽出基準を満たしている区域のうち、幅員6m以上の道路、水路、鉄道、軌道等により区画されており、かつ、延焼危険性が低いもの等 除外して支障がないものについては除外。

補論2　東京都の木造住宅密集地域

東京都は木造住宅密集市街地を多く抱えており、2012年4月に公表した東京都防災会議の「首都直下地震等による東京の被害想定」によると、木造住宅密集地域を中心に建物被害が深刻であり、早急な対策を迫られている。以下では、東京都における木造住宅密集地域の解消対策について見ていく。

東京都は1995年1月に発生した阪神・淡路大震災の教訓を踏まえ、1996年に「防災都市づくり推進計画」を策定し、2020年3月には「防災都市づくり推進計画の基本方針～「燃えない」「倒れない」震災に強い安全・安心な都市の実現を目指して～」を公表し、この計画の改定を行った。この「防災都市づくり推進計画」は東京都震災対策条例(2000年東京都条例第202号)第13条の規定に基づいており、震災時の被害拡大を防ぐため、都市構造の改善に関する諸施策を推進することを目的として定めた計画である。主な施策展開としては、延焼遮断帯の形成、緊急輸送道路の機能確保、整備地域の不燃化・耐震化の加速、木造住宅密集地域の改善または未然防止、避難場所等の確保の5つが挙げられる。

防災都市づくり推進計画の基本方針によると、地域危険度が高く、かつ、老朽化した木造建築物が特に集積するなど、震災時に特に甚大な被害が想定される地域を「整備地域」として位置づけ、さらなる改善を促進している。この「整備地域」基準としては、地域危険度のうち、建物倒壊危険度5及び火災危険度5に相当し、老朽木造建築物棟数率が45%以上の町丁目を含み、平均不燃領域率が60%未満である区域及び連担する区域となっている。詳細な地域は表2の通りである。

さらに、木造住宅密集地域の改善を加速させるため、特に改善を必要としている地区については重点整備地域とし、「不燃化特区」として表3の通りに定めた。東京都(2020a)によると、不燃化特区は区からの申請に基づき、区域の要件、取組内容、コア事業の要件などを満たし、かつ、調査の結果、適正なものと認められるとき、都が指定するものである。また、「木造住宅密集地域」とは震災時に延焼被害のおそれのある老朽木造住宅が密集している地域のこと指し、具体的には、昭和55年以前の老朽木造建築物棟数率が30%以上であり、住宅戸数密度が55世帯/ha以上、且つ、補正不燃領域率が60%未満という3つの条件を満たした地域のことを指す。ここで、補正不燃領域率は次のように算出される。

$$補正不燃領域率(\%)=不燃領域率+市街地密度による補正値$$

防災都市づくりの整備方針は大きく分けて5つある

(1)　延焼遮断帯整備の目標は、2020年度までに特定整備路線を全線整備、2025年度までに整備地域内の延焼遮断帯の形成率75%・骨格防災軸の形成率を98%とする。

(2)　緊急輸送路の機能確保の目標は、2019年度までに道路閉塞を起こすおそれのある特定緊急輸送道路沿道の建築物について、90%耐震化するとともに、特に倒壊の危険性が高い建築物（Is値0.3未満相当の建築物）を解消する。また、2025年度までに道路閉鎖を起こすおそれのある特定緊急輸送道路沿道の建築物について100%耐震化する。

(3)　市街地の整備目標は、2020年度までに全ての重点整備地域の不燃領域率を70%、2025年度までに全ての整備区域の不燃領域率を70%以上とする。

(4)　木造住宅密集地域の改善または未然防止に関しては、ミニ開発が進むおそれのある地域で、敷地面積の最低限度の設定や、新たな防火規制区域の指定等を促し、改善や未然防止を図る。

(5)　避難所等の確保の目標は、2020年度までに避難有効面積が湯即する避難箇所を解消・避難距離が3km以上となる避難区域を解消、2025年度までに避難所等の新規・拡大の指定を促進することとする。

表2　　整備地域

No.	地域名称	面積(ha)	No.	地域名称	面積(ha)
1	大森中地域	約　195	15	西ケ原・巣鴨地域	約　103
2	西蒲田地域	約　121	16	十条・赤羽西地域	約　227
3	羽田地域	約　50	17	志茂地域	約　123
4	林試の森周辺・荏原地域	約 1,027	18	荒川地域	約　591
5	世田谷区役所周辺・三宿・太子堂地域	約　288	19	浅草北部地域	約　208
6	北沢地域	約　134	20	千住地域	約　168
7	南台・本町（渋）・西新宿地域	約　300	21	西新井駅西口一帯地域	約　373
8	阿佐谷・高円寺周辺地域	約　273	22	足立地域	約　63
9	大和町・野方地域	約　270	23	北砂地域	約　87
10	南長崎・長崎・落合地域	約　233	24	墨田区北部・亀戸地域	約　514
11	東池袋・大塚地域	約　172	25	平井地域	約　78
12	池袋西・池袋北・滝野川地域	約　172	26	立石・四つ木・堀切地域	約　433
13	大谷口周辺地域	約　249	27	松島・新小岩駅周辺地域	約　135
14	千駄木・向丘・谷中地域	約　212	28	南小岩・東松本地域	約　88

（出所）東京都(2020a)

また、東日本大震災の発生後、木造住宅密集地域の早急な改善の重要性が再確認され、「木密地域不燃化10年プロジェクト」を2012年に立ち上げ、不燃化地区と特定整備路線の整備を進めている。本プロジェクトの目標は、特に甚大な被害が想定される整備地域(約7,000ha)を対象とし、整備地域における不燃領域率を2020年度までに70%に引き上げ、延焼遮断帯となる主要な都市計画道路の整備を2020年度までに100%達成としている。2012年1月には、本プロジェクトの実施方針が策定され、2012年8月に先行実施12地区の選定が行われ、2013年4月に同地区の整備プログラムが認定された。また、2013年10月には27地区が新たに申請をし、12月に6地区、2014年4月に20地区の不燃化特区指定がされた。さらに2014年12月には1地区、2015年4月に13地区、2016年3月に1地区の不燃化特区指定がされた。現在、不燃化特区事業を実施している地区は表3の通りである。

　さらに、東京都は木造住宅密集地域の整備促進のため、6つの事業を展開している。

① 東京都木造住宅密集地域整備事業

　この事業では、名称通り、木造住宅が密集しており、特に老朽住宅が多く、かつ公共施設等の整備が遅れている地域において、防災性向上と居住環境の整備を行うことを目的としている。主な支援策としては、主要生活道路の整備や、老朽建築物の共同建替、公園整備などがあげられ、具体的に電線地中化や道路の拡幅、公共施設に耐震性貯水槽等の設置がある。

② 防災街区整備事業

　老朽化した建築物から防災機能を持つ建築物や公共施設への整備を行う。基本は、土地・建物から建築物への権利変換としているが、土地から土地への権利変換も認めている。具体的には、調査設計計画費や土地整備費の支援、共同施設整備などを行う。

③ 都市防災不燃化促進事業

　地域防災計画等に定められた不燃化を図るべき地域のうち、緊急に整備を図る地域を不燃化促進区域とし、10年間に耐火建築物・準耐火建築物の建築に対し補助する区に対し、都が支援する。主な支援策は3つあり、建築助成費、除去助成費、仮住居助成費等の支援があげられる。

④ 防災生活道路整備・地区防災不燃化促進事業

　事業期間は2020年度までとしており、延焼遮断帯となる都市計画道路の整備、幅員6m以上の道路、4m以上6m未満の（防災生活道路）の拡幅整備を行なっている。具体的には、防災生活道路整備費用の補助や、不燃化特区の助成に加え不燃化建替え工事費の一部助成を行う。

⑤ 地区計画策定事業

　事業期間は2020年度までとしており、木密地域やミニ開発が進むおそれのある地域を対象に、防災性の向上と住環境の改善を目的としている。まちづくりの啓発活動費、地区開発の敷地面積最低限度、道路幅員確保の取組を支援している。

⑥ 都有地活用による魅力的な移転先整備事業

　防災都市づくり推進計画に基づき、震災時に甚大な被害が想定される地域を対象とし不燃化に取り組んでいる。権利者の移転を促すため、近隣の都有地を活用し、民間事業者による魅力的な移転先の整備をしている。実際に足立区江北地区で選考が終わり、2021年度には建設工事の着工、2022年度には竣工および住宅への入居開始が見込まれている。

表3　　不燃化特区

1	新 宿 区	西新宿五丁目地区	26	渋 谷 区	本町二～六丁目地区
2	文 京 区	大塚五・六丁目地区	27	中 野 区	弥生町三丁目周辺地区
3	台 東 区	谷中二・三・五丁目地区	28		大和町地区
4	墨 田 区	京島周辺地区	29	杉 並 区	杉並第六小学校周辺地区
5		鐘ヶ淵周辺地区	30		方南一丁目地区
6	江 東 区	北砂三・四・五丁目地区	31	豊 島 区	東池袋四・五丁目地区
7	品 川 区	東中延一・二丁目、中延二・三丁目及び西中延三丁目地区	32		池袋本町・上池袋地区
8		補助29号線沿道地区(品川区)	33		補助26・172号線沿道地区
9		豊町四・五・六丁目、二葉三・四丁目及び西大井六丁目地区	34		雑司が谷・南池袋地区
10		旗の台四丁目・中延五丁目地区	35	豊島区・北 区	補助81号線沿道地区
11		戸越二・四・五・六丁目地区	36	北 区	十条駅周辺地区
12		西品川一・二・三丁目地区	37		志茂・岩淵地区
13		大井五・七丁目、西大井二・三・四丁目地区	38		赤羽西補助86号線沿道地区
14		放射2号線沿道地区	39	荒 川 区	荒川・南千住地区
15		補助28号線沿道地区	40		町屋・尾久地区
16		大井二丁目地区	41	板 橋 区	大谷口一丁目周辺地区
17	目 黒 区	目黒本町五・六丁目、原町一丁目、洗足一丁目地区	42		大山駅周辺西地区
18	大 田 区	大森中地区(西糀谷、東蒲田、大森中)	43	足 立 区	西新井駅西口周辺地区
19		羽田二・三・六丁目地区	44		足立区中南部一帯地区
20		補助29号線沿道地区(大田区)	45	葛 飾 区	四つ木一・二丁目地区
21	世田谷区	太子堂・三宿地区	46		東四つ木地区
22		区役所周辺地区	47		東立石四丁目地区
23		北沢三・四丁目地区	48		堀切二丁目周辺及び四丁目地区
24		太子堂・若林地区	49	江戸川区	南小岩七・八丁目周辺地区
25		北沢五丁目・大原一丁目地区	50		松島三丁目地区
			51		平井二丁目付近地区
			52		南小岩南部・東松本付近地区

(出所)東京都(2021)

104

補論3 地域危険度について

　地震がいつ起きてもおかしくない状況下で、東京都は独自に地震に起因する危険性を測定し、町丁目ごとに危険性を5つのランクに分けて相対評価を行っている。これは地域危険度といって、1975年11月から、概ね5年ごとに東京都震災対策条例に基づき公表されている。2018年3月に公表された第8回については、建物倒壊危険度、火災危険度に加え、災害時活動困難度を加味した総合危険度が公表されている。各項目の基準などの詳細は後述する。

　対象区域は、区部及び多摩部の都市計画区域のうち市街化区域のみとし、測定単位は町丁目単位[4]で、調査対象町丁目数は5,177町丁目である。また、被災可能性を地域間で比較できるよう、震源などは特定のものとせず、都内全ての町丁目において同条件となるよう設定し、結果の表示については地域危険度のランクを5段階の相対評価とする。各ランクの町丁目数や比率は表4の通りである。

　次の節では東京都(2018)をもとに、地域危険度の測定に使用した算出式や変数についてまとめた。

表4　　各ランクの町丁目数や比率（第8回）

ランク（危険度）	1	2	3	4	5	合計
町丁目数	2,337	1,648	820	287	85	5,177
存在比率（％）	45.15%	31.83%	15.83%	5.55%	1.64%	100.00%

(出所)東京都(2018)

---

[4] 町丁目全域が市街化調整区域となっているものは調査対象外。一部分でも市街化区域に入っている町丁目は全域を調査対象

補論３-１　建物倒壊危険度

　建物倒壊危険度は、兵庫県南部地震（阪神・淡路大震災）及び新潟県中越沖地震の被害データから導出された建物全壊率を用いている。課税建物、都営住宅及び公共建物を対象データとし、町丁目単位で棟数の集計を行い、その後、建物分類を行う。建物分類については表５の通りである。

　一般地盤地域での建物倒壊量の算出は以下の式である。
一般の地盤地域での地震動による倒壊量＝
　　　町丁目の建物量×一般の地盤地域の面積割合×地盤特性と建物特性を考慮した建物全壊率

変数については次の通りである。
・　一般の地盤地域の面積割合：町丁目面積から大規模造成地の盛土面積割合と液状化面積割合を除いた残りの面積割合
・　建物全壊率：地表面の地震の強さ（速度）などによって、建物が全壊する棟数の割合を建物構造、年代ごとに区分。工学的基盤での地震動の強さ、地表面までの地盤特性（地盤増幅率）、地震動に対する建物特性の３条件で測定。工学的基盤での地震動の強さについては 30cm/s(kine)の地震動の強さを与えることとした。地盤増幅率は「地表面の揺れの大きさ（最大速度）÷工学的基盤の揺れの大きさ（最大速度）」である。
・　地盤分類ごとの地震動の強さ（最大速度）、建物体力として次に示す建物被害関数式を用いた。町丁目 i の地盤種別を l とすると、この町丁目に存在する建物構造・年代種別 k の建物の全壊率 P_f は、以下となる。

$$P_f^k(PGV_l) = \Phi((lnPGV_l - \lambda_k)/\zeta_k)$$

　この町丁目 i に構造・年代種別 k の建物が n_{ki} 棟存在するとすれば、全壊棟数 N_i は次式で計算できる。

$$N_i = \sum_{k=1}^{m} n_{ki} \cdot P_j^k(PGV_l)$$

　大規模造成地盛土地域での地震動による建物倒壊量は以下の通り。
大規模造成地盛土地域での地震動による建物倒壊量＝
　　　町丁目の建物量×町丁目内に開ける盛土面積割合×地盤増幅率の盛土割増係数
　　　×地盤特性と建物特性を考慮した建物全壊率

※町丁目内の盛土面積割合については以下の通り。
町丁目内における盛土面積割合＝大規模盛土造成地の盛土面積÷町丁目面積

　また液状化による建物被害は、地震動の被害とは異なるため、以下の測定方法を用いる。
液状化による建物倒壊率＝町丁目の建物量×液状化発生面積割合×液状化建物被害率

※液状化発生面積割合については以下の通り。
液状化発生面積割合＝（町丁目内の可能性大の面積×液状化判定大の液状化面積率＋町丁目内の可能性小の面積×液状化判定小の液状化面積率）÷町丁目面積

町丁目内の地盤状況ごとに式を3通りにわけ、建物倒壊危険量を以下の式で算出する。

建物倒壊危険量（棟/ha）＝　［　（1）一般の地盤地域での地震動による建物倒壊量

＋（2）大規模造成地盛土地域での地震動による建物倒壊量＋（3）液状化により生じる建物倒壊量　］

÷　町丁目面積

この建物倒壊危険量（棟/ha）を用いて、地域をランキングし、5段階のランクに分けて公表している。

表5　建物分類

No.	構造	種類	
1	木造	昭和45年以前 （〜1970年）	
2		昭和46〜55年 （1971〜1980年）	
3		昭和56年〜平成2年 （1981年〜1990年）	
4		平成3年〜平成12年 （1991年〜2000年）	
5		平成13年以降 （2001年〜）	
6	RC造 （SRC造含む）	昭和45年以前 （〜1970年）	1〜3F
7			4〜7F
8			8F〜
9		昭和46年〜55年 （1971〜1980年）	1〜3F
10			4〜7F
11			8F〜
12		昭和56年以降 （1981年〜）	1〜3F
13			4〜7F
14			8F〜
15	S造	昭和45年以前 （〜1970年）	1〜3F
16			4〜7F
17			8F〜
18		昭和46年〜55年 （1971〜1980年）	1〜3F
19			4〜7F
20			8F〜
21		昭和56年以降 （1981年〜）	1〜3F
22			4〜7F
23			8F〜
24	軽量S造	昭和55年以前 （〜1980年）	
25		昭和56年以降 （1981年〜）	
26	その他	（石造、ブロック造、土蔵）	

※RC　造：鉄筋とコンクリートを組み合わせ、相互の短所を補い合って構成された構造

　SRC　造：鉄骨鉄筋コンクリート造という。Ｈ型鋼などの鉄骨の周囲に鉄筋を配置し、そこに
　　　　　　コンクリートを打設して一体化した構造物。マンションなどの高層建築に用いる。

　S　　造：一般に4mmを超える厚さの鋼材を用いた構造

　軽量S造：鋼材の板厚が4mm以下の軽量型鋼を用いた構造

（出所）東京都(2018)

補論 3 - 2　火災危険度

　火災危険度は、東京消防庁「東京都の地震時における地域別出火危険度測定（第 9 回）」（以下、出火危険度測定）及び「東京都の地震時における地域別延焼危険度測定（第 9 回）」（以下、延焼危険度測定）を活用し、町丁目ごとの出火件数期待値、及び全焼棟数を測定した。

　町丁目別出火件数期待値は、非木造建物を更に準耐火造・耐火造に区分し、耐火造建物は耐火性能を考慮した。式は以下の通りである。

$$f_{new} = f_1 + (f_2 + f_3) \sum_{k}^{N_i} P_k S_k / \sum_{k}^{N_i} S_k$$

変数については以下の通りである。

i：町丁目

k：町丁目iの耐火造建物（$k = 1 \sim N_i$）

N_i：町丁目iにおける延焼危険性評価対象の耐火造建物数

S_k：町丁目iにおける耐火造建物kの延べ床面積

P_k：耐火造建物kを出火元として周辺の受害建物l（$l = 1 \sim M_k$）に少なくとも 1 経路以上延焼拡大する確率

$$P_K = 1 - \Pi_l^{M_l}(1 - P_{kl})$$

P_{kl}：耐火造建物kの火災階と受害建物の高さを考慮した受害建物lへの延焼確率

l：耐火造建物kの周囲の建物（$l = 1 \sim M_k$）

M_i：耐火造建物kにおける水平方向で延焼の可能性がある周囲の建物数

f_1：耐火造建物以外の建物の出火件数期待値

f_2：耐火造建物のn層より下層の階の出火件数期待値

f_3：耐火造建物のn層より上層の階の出火件数期待値

出火件数期待値は表 6 のように計算する。

表 6　　出火件数期待値

出火危険度測定における 町丁目別出火件数期待値	建物現況調査 GIS データに よる町丁目別延床面積	案分後の 出火件数期待値
木造 f_m	木造建物延床面積 S_m	$f_m \times \{S_m/(S_m+S_b)\}$
	防火造建物延床面積 S_b	$f_m \times \{S_b/(S_m+S_b)\}$
非木造 f_n	準耐火造建物延床面積 S_j	$f_n \times \{S_j/(S_j+S_t)\}$
	耐火造建物延床面積 S_t	$f_n \times \{S_t/(S_j+S_t)\}$
合計 f_{all}	合計面積 S_{all}	$f_m + f_n = f_{all}$

（出所）東京都(2018)

火災危険量は、設定した出火点による評価対象町丁目内建物の延焼危険性の合計値（自出火）を、出火点数で除した平均値と、周辺町丁目に設定した出火点による評価対象町丁目内建物の延焼危険性との合計値（もらい火）を該当周辺町丁目に設定した出火点数で除した平均値に、各町丁目の出火件数期待値を乗じて、町丁目面積で割ることで、1ha 当たりの被害量としたもの。式は以下の通り。

$$
火災危険量 = \frac{f(i) * \frac{\sum_{k(i)=1}^{m(i)} B(i, k(i))}{m(i)} + \sum_{j=1}^{n} \left\{ f(j) * \frac{\sum_{k(j)=1}^{m(j)} B(i, k(j))}{m(j)} \right\}}{S(i)}
$$

変数については以下の通りである。

i：評価対象町丁目

$S(i)$：町丁目iの町丁目面積（ha）

$K(i)$：町丁目i内にある1つの出火点（$k(i) = 1\sim m(i)$）

$m(i)$：延焼シミュレーションで町丁目iに設定された出火点数（点）

$B(i, k(i))$：町丁目i内にある1つの出火点$k(i)$による出火から12時間後の全焼棟数のうち、町丁目i内の全焼棟数

$f(i)$：町丁目iの出火件数期待値(件)

j：周辺町丁目からの出火のうち、町丁目iに被害をもたらす周辺町丁目数($j = 1\sim n$)

$k(j)$：周辺町丁目jの出火のうち、町丁目iの建物に延焼被害をもたらす1つの出火点（$K(j) = 1\sim m(j)$）

$m(j)$：延焼シミュレーションで町丁目iの周辺町丁目jに設定された出火点数

$B(i, K(j))$：周辺町丁目j内にある1つの出火点$k(j)$による出火から12時間後の全焼棟数のうち、町丁目iの全焼棟数

$f(j)$：町丁目$j(i)$の出火件数期待値

　この火災危険量を用いて、地域をランキングし、5段階のランクに分けて公表している。

補論3-3　災害時活動困難度

　災害活動困難度は、平成27年東京消防庁「東京都の市街地状況調査」における道路ネットワークデータを使用している。

　活動有効空間不足率（α）とは、町丁目ごとに4m幅員以上の道路や小公園等から活動できる面積の割合を幅員に応じて評価したものである。災害時の避難や消火・救助活動が困難な地域の面積の割合を表す指標である。計算式は以下の通り。

$$活動有効空間不足率\ \alpha = 1 - \frac{道路バッファーカバー面積 + 小公園等のバッファーカバー面積}{町丁目の面積 - 町丁目除外対象面積 - 土地利用分類の公園等の面積}$$

　道路ネットワーク密度不足率（β）とは、町丁目ごとに、幅員12m以上の道路につながる幅員6m以上の道路にアクセス下層な道路ネットワーク密度を評価したものである。災害時の避難や消火・救助のしやすさを表す指標である。計算式は以下の通りである。

$$道路ネットワーク密度不足率\ \beta$$
$$= \frac{町丁目内の各店から外郭道路に連続的につながる6m幅員までの到達所要時間を平均した数値}{20(分)}$$

　活動有効空間不足率（α）及び道路ネットワーク密度不足率（β）を用いて、下記のように災害時活動困難度を算出する。

$$災害時活動困難度 = \sqrt{\alpha * \beta}$$

　この災害時活動困難度を用いて、地域をランキングし、5段階のランクに分けて公表している。

補論3-4　総合危険度

　総合危険度は、前述の建物倒壊危険度、火災危険度、災害時活動困難度を1つの指標にまとめ、評価するものである。

　総合危険度は、建物倒壊危険量(Rb)と火災危険量(Rf)に災害時活動困難度(D)を掛け合算することで、総合危険度(Rt；棟/ha)を算出した。式は以下の通りである。

$$総合危険度(Rt) = 災害時活動困難度を加味した建物倒壊危険量(Rb * D)$$
$$+ 災害時活動困難度を加味した火災危険量(Rf * D)$$

補論3-5　地域危険度の変更点

　過去の測定方法の変遷は表7の通りである。第5回調査では、建物倒壊危険度・火災危険度・避難危険度の3指標で測定、第6回調査は建物倒壊危険度・火災危険度の2指標で測定、第7回調査からは新たに災害時活動困難度が追加された。

　建物倒壊危険度算出については、建物の耐震性と地盤特性を考慮した測定が行われ、さらに第7回調査からは、耐震改修結果を反映させた測定を行なっている。また、第7回から第8回にかけての変更点が2点ある。1点目は、耐震診断実績の反映である。第7回調査では耐震改修実績を反映させていたのに対し、第8回調査では、アンケート調査等により耐震診断及び改修実績データを収集し、耐震改修実績に加え、耐震診断実績も反映させた。2点目は、大規模造成地盛土地域面積の参照データの変更である。第7回調査では大規模造成地分布図として「土地区画整理事業等施行位置図」（平成19年3月）使用していたが、第8回調査では「大規模盛土造成地第二次スクリーニング（モデル調査）」（平成22年度）を使用した。これにより、第7回では大規模造成地の盛土面積割合は「町丁目内における盛土面積割合＝大規模造成地面積×盛土面積比率÷町丁目面積」という算出方法から、第8回では盛土地域が特定されたため地盤分類が「山地」及び「丘陵」の町丁目について「町丁目内における盛土面積割合＝大規模盛土造成地の盛土面積÷町丁目面積」という算出方法となった。

　火災危険度については次のように変更された。出火危険性について、第6回調査までは、工学的基盤に最大加速度100gal(=cm/s^2)を用いていたが、第7回調査からは工学的基盤に最大速度30kine(=cm/s)を用い、出火件数期待値を算出している。また、第8回からは、耐火造建物の高層階からの出火の影響を考慮した出火件数期待値の測定を行なった。延焼の危険性については、第5回調査では、延焼時間が1時間とした時の全焼棟数が用いられていたが、第6回と第7回調査で、延焼時間を6時間とした。さらに第8回調査では、12時間と変更した。具体的な測定方法については、表8の通りである。

　災害活動困難度については、第7回調査から測定されたものであり、第7回から第8回にかけての変更点は2点ある。1点目は、活動有効空間不足率αの測定手法の変更である。第7回ではαを「活動困難面積率」と称し、分母の面積には宅地や道路等の空地などを含む町丁目全域で計算していたが、第8回では名称を「活動有効空間不足率」に改め、道路幅員に応じた適切なバッファー幅を設定、また分母の面積は避難対象者や救助対象者の居合区域を除外した面積とした。2点目は、道路ネットワーク密度不足率βの測定手法の変更である。第7回調査ではβの名称を「道路ネットワーク稠密度」とし、幅員6m以上の全ての道路をゴール地点と設定していたが、第8回調査では名称を「道路ネットワーク密度不足率」に改め、ゴール地点を外郭道路（幅員12m以上）に連続的につながる幅員6m以上の道路のみとした。

第 7 回調査の計算方法

$$活動友好空間不足率 \, \alpha = 1 - \frac{道路バッファーカバー面積(m^2)}{町丁目の面積(m^2)}$$

$$道路ネットワーク密度不足率 \, \beta = \frac{町丁目内の各店から \, 6m幅員までの到達所要時間を平均した数値}{20(分)}$$

第 8 回調査の計算方法（変更点は太字）

$$活動友好空間不足率 \, \alpha = 1 - \frac{道路バッファーカバー面積 + \textbf{小公園等のバッファーカバー面積}(m^2)}{町丁目の面積 - \textbf{町丁目除外対象面積} - \textbf{土地利用分類の公園等の面積}(m^2)}$$

$$道路ネットワーク密度不足率 \, \beta$$
$$= \frac{町丁目内の各店から\textbf{外郭道路に連続的につながる} \, 6m幅員までの到達所要時間を平均した数値}{20(分)}$$

　最後に、総合危険度についての第 7 回から第 8 回にかけての変更点は次の通りである。第 7 回調査では、災害時活動困難度を加味した建物倒壊危険度と火災危険度の順位を合算していたが、第 8 回調査では災害時活動困難度を加味した建物倒壊危険量と火災危険量を合算し、総合危険量を算出後、総合危険度として評価するように変更された。

表 7　　　過去の測定方法の変遷

調査回数	第 1 回	第 2 回	第 3 回	第 4 回	第 5 回	第 6 回	第 7 回	第 8 回
公表年次	区部 昭和 50 年 多摩 昭和 55 年	区部 昭和 59 年 多摩 昭和 62 年	平成 5 年 1 月	平成 10 年 3 月	平成 14 年 12 月	平成 20 年 2 月	平成 25 年 9 月	平成 30 年 2 月
①地域特性危険度	○	—	—	—	—	—	—	—
②建物倒壊危険度	○	○	○	○	○	○	○	○
③火災危険度	○	○	○	○	○	○	○	○
④人的危険度	—	○	○	○	—	—	—	—
⑤避難危険度	○	○	○	○	—	—	—	—
⑥災害時活動困難度	—	—	—	—	—	—	○	○
総合危険度	○ ・①②③⑤の4つの合算値	○ ・②③④⑤の4つの合算値	○ ・②と③の2つの合算値 ・④と⑤の2つの合算値	○ ・②と③の合算値 ・②と③、④及び⑤の4つの合算値	○ ・②と③及び⑤の3つの合算値	○ ・②と③の2つの合算値	○ ・②と③の2つの合算値 ・②③⑥の3つの合算値	○ ・②③⑥の3つの合算値

（出所）東京都(2018)

表8　火災危険度の算出方法の変遷

調査回数	第1回	第2回	第3回	第4回	第5回	第6回	第7回	第8回
主な基礎データ	・地域別出火危険度測定（第1回）（東京消防庁）（特別区：昭和49年、多摩地区：昭和55年） ・地域別延焼危険度測定（第1回）（東京消防庁）（特別区：昭和49年、多摩地区：昭和52年）	・地域別出火危険度測定（東京消防庁）（第2回）（特別区：昭和57年、多摩地区：昭和60年） ・地域別延焼危険度測定（東京消防庁）（第2回）（特別区：昭和57年、多摩地区：昭和59年）	・地域別出火危険度測定及び地域別延焼危険度測定（東京消防庁）（第4回）（平成3年）	・同左（第5回）（平成9年）	・同左（第6回）（平成13年、14年）	・同左（第7回）（平成18年、19年）	・同左（第8回）（平成23年、24年）	・同左（第9回）（平成29年、28年）
地震動データ	—	—	・最大加速度100gal	・同左	・同左	・同左	・最大速度30kine	・同左
危険量の測定方法	・出火危険度と延焼危険度を別指標として表示	・出火率×焼失面積から焼失面積期待値を算定	・出火件数（時間平均）×出火1時間後の1火点平均の焼失延床面積（消防力あり）	・単位面積当たりの出火件数（時間平均）×出火1時間後の1火点平均の焼失延床面積（消防力あり）	・単位面積当たりの出火件数（時間平均）×出火1時間後の1火点平均の焼失延床面積（消防力なし）	・「評価対象町丁目」と「周辺町丁目」の全焼棟数の合算　それぞれ以下の方法で測定 ・単位面積当たりの出火件数期待値（最大値）×出火6時間後の1火点平均の全焼棟数（消防力なし）	・同左	・「評価対象町丁目」と「周辺町丁目」の全焼棟数の合算　それぞれ以下の方法で測定 ・単位面積当たりの出火件数期待値（最大値）×出火12時間後の1火点平均の全焼棟数（消防力なし）

（出所）東京都(2018)

113

参考文献

Anselin, L., 1988. Spatial Econometrics: Methods and Models, Kluwer, Dordrecht.

Anselin, L., 2006. Spatial Econometrics. In. Mills, T.C., Patterson, K. eds., Palgrave Handbook of Econometrics, Palgrave, Basingstoke.

Anselin, L. and Bera, A., 1998. Spatial dependence in linear regression models with an introduction to spatial econometrics In. Ullah, A. and Giles, D. eds., Handbook of Applied Economics Statistics, Marcel Dekker, New York.

Anselin, L., Bera, A.K., Florax, R. and Yoon, M.J. 1996, Simple diagnostic tests for spatial dependence. Regional Science and Urban Economics 26, 77–104.

Arbia, G., 2006. Spatial Econometrics: Statistical Foundations and Applications to Regional Convergence, Springer, Berlin.

Baltagi, B.H., 2013. Econometric Analysis of Panel Data, 5th Edition, John Wiley & Sons, Chichester, England.

Baltagi, B.H., Li, D., 2004. Prediction in the panel data model with spatial autocorrelation In. Anselin, L., Florax, RJGM and Rey, S.J. eds. Advances in Spatial Econometrics: Methodology, Tools, and Applications, Springer, Berlin Heidelberg New York.

Bernknopf,R.L.,D.S.Brookshire and M.A.Thayer, 1990. Earthquake and volcano hazard notices: An economic evaluation of changes in risk perceptions, Journal of Environmental Economics and Management 18, 35–49.

Beron,K.J.,J.C.Murdoch,M.A.Thayer and W.P.Vijverberg, 1997. An analysis of the housing market before and after the 1989 Loma Prieta earthquake. Land Economics 101–113.

Brookshire,D.S.,M.A.Thayer,J.Tschirhart and W.D.Schulze, 1985. A test of the expected utility model: Evidence from earthquake risks. Journal of Political Economy 93, 369–389.

Cheung,R.,D.Wetherell and S.Whitaker, 2018. Induced earthquakes and housing markets: Evidence from Oklahoma. Regional Science and Urban Economics 69, 153–166.

Cressie, N. 1993, Statistics for Spatial Data, Wiley, New York.

Deng,G.,L.Gan and M.A.Hernandez, 2015. Do natural disasters cause an excessive fear of heights? Evidence from the Wenchuan earthquake. Journal of Urban Economics 90, 79–89.

Elhorst, J.P., 2014. Spatial Econometrics: from Cross-Sectional Data to Spatial Panels, Springer, Heidelberg.

Fekrazad,A., 2019. Earthquake-risk salience and housing prices: Evidence from California. Journal of Behavioral and Experimental Economics 78, 104–113.

Ferreira,S.,H.Liu and B. Brewer, 2018. The housing market impacts of wastewater injection induced seismicity risk. Journal of Environmental Economics and Management 92, 251–269.

Filippova,O.,M.Rehm and C.Dibble, 2017. Office market response to earthquakerisk in New Zealand. Journal of Property Investment and Finance.

Gibbons,S.,S.Heblich and C. Timmins, 2021. Market tremors: Shale gas exploration, earthquakes, and their impact on house prices. Journal of Urban Economics 122, 103313.

Griffith, D.A., 1988. Advanced Spatial Statistics, Kluwer, Dordrecht.

Gu,T.,M.Nakagawa,M.Saito and H.Yamaga, 2018. Public perceptions of earthquake risk and the impact on land pricing: The case of the Uemachi fault line in Japan. Japanese Economic Review 69, 374–393.

Haining, R., 1990. Spatial Data Analysis in the Social and Environmental Sciences, Cambridge University Press, Cambridge.

Hidano,N.,T.Hoshino and A. Sugiura, 2015. The effect of seismic hazard risk information on property prices: Evidence from a spatial regression discontinuity design. Regional Science and Urban Economics 53, 113–122.

Kawawaki,Y. and M.Ota, 1996. The influence of the Great Hanshin-Awaji earthquake on the local housing market. Review of Urban and Regional Development Studies 8, 220–233.

Kung,Y.-W. and S.-H. Chen, 2012. Perception of earthquake risk in Taiwan: Effects ofgender and past earthquake experience. Risk Analysis 32, 1535–1546.

Lee, L.F. and Yu, J., 2010a. Estimation of spatial autoregressive panel data models with fixed effects. Journal of Econometrics 154, 165–185.

Lee, L-F. and Yu, J., 2010b. Some recent developments in spatial panel data models. Regional Science and Urban Economics 40, 255–271.

Lee, L-F. and Yu, J., 2015. Spatial Panel Data Models. In. Baltagi, B. H. ed., The Oxford Handbook of Panel Data. Oxford University Press, New York.

LeSage, J.P., 2014. What regional scientists need to know about spatial econometrics. SSRN Electronic Journal 44, 1–31.

LeSage, J. and Pace, R.K., 2009. Introduction to Spatial Econometrics. CRC Press, FL.

Metz,N.E.,T.Roach and J.A.Williams, 2017. The costs of induced seismicity: A hedonic analysis. Economics Letters 160, 86–90.

Murdoch,J.C.,H.Singh and M.Thayer, 1993. The impact of natural hazards on housing values: The Loma Prieta earthquake. Real Estate Economics 21, 167–184.

Nakagawa,M.,M.Saito and H.Yamaga, 2007. Earthquake risk and housing rents:Evidence from the Tokyo Metropolitan Area. Regional Science and Urban Economics 37, 87–99.

Nakagawa,M.,M.Saito and H.Yamaga, 2009. Earthquake risks and land prices: Evidence from the Tokyo metropolitan area. Japanese Economic Review 60, 208–222.

Nakanishi,H., 2016. How the change of risk announcement on catastrophic disaster affects property prices. The Economics of the Global Environment, 577–595

Nakanishi,H., 2017. Quasi-experimental evidence for the importance of accounting for fear when evaluating catastrophic events. Empirical Economics 52, 869–894.

Naoi,M.,K.Sato,Y.Tanaka,H.Matsuura and S.Nagamatsu, 2020. Natural hazard information and migration across cities: evidence from the anticipated Nankai Trough earthquake. Population and Environment 41, 452–479.

Naoi,M.,M.Seko and K. Sumita. 2009, Earthquake risk and housing prices in Japan: Evidence before and after massive earthquakes. Regional Science and Urban Economics 39, 658–669.

Naoi,M.,K.Sumita and M.Seko. 2010, Estimating consumer valuation of earthquake risk: Evidence from Japanese housing markets. International Real Estate Review 13, 117–133.

Sher,C.-Y.,N.-W.Chen,Y.-H.Liu and R.H.Murphy, 2020. The impact of soilliquefaction information disclosures on housing prices: Evidence from Kaohsiung, Taiwan. Japanese Economic Review, 1–25.

Singh,R., 2019. Seismic risk and house prices: Evidence from earthquake fault zoning. Regional Science and Urban Economics 75, 187–209.

Timar,L.,A.Grimes and R.Fabling, 2018a. Before a fall: Impacts of earthquake regulation on commercial buildings. Economics of Disasters and Climate Change 2, 73–90.

Timar,L.,A.Grimes and R.Fabling, 2018b. That sinking feeling: The changing price of urban disaster risk following an earthquake. International Journal of Disaster Risk Reduction 31, 1326–1336.

Trumbo,C.,M.Lueck,H.Marlatt and L.Peek, 2011. The effect of proximity to Hurricanes Katrina and Rita on subsequent hurricane outlook and optimistic bias. Risk Analysis 31, 1907–1918.

石塚治久・横井渉央, 2017. 東日本大震災前後の東京都における自然災害リスク情報が土地取引価格に与える影響. 応用地域学研究. 1–16.

磯山啓明, 原野啓, 瀬下博之, 2016. J-REIT のリスク要因の分析－補正関数による東日本大震災の影響分析－. 都市住宅学.

川脇康生, 2007. 地震リスク認識のバイアスと地価: 阪神・淡路大震災被災地での実証. 日本不動産学会誌. 21, 104–115.

久保田映希, 廣井悠, 2019. 災害リスクが関東大都市圏の賃貸住宅市場に与える影響–賃料・専有面積による市場区分と地域間の差異に注目して. 都市計画論文集. 54, 1153–1160.

宅間文夫, 2007. 密集市街地の外部不経済に関する定量化の基礎研究. 季刊 住宅土地経済. 30-37.

山鹿久木, 中川雅之, 齊藤誠, 2002. 地震危険度と家賃: 耐震対策のための政策的インプリケーション. 日本経済研究. 46, 1–26.

旭化成ホームズ, 2019. 東京都「木密地域不燃化 10 年プロジェクト」の不燃化特区「中延二丁目旧同潤会地区防災街区整備事業」が竣工.
　　https://www.asahi-kasei.co.jp/j-koho/press/20190221/index/（2021.4.22　取得）

国土交通省, 2001. 第八期住宅建設五箇年計画について.
　　https://www.mlit.go.jp/jutakukentiku/house/torikumi/gokei/8kihonbun.doc（2021.4.17　取得）

国土交通省, 2003. 地震時等において大規模な火災の可能性があり重点的に改善すべき密集市街地.
　　https://www.mlit.go.jp/kisha/kisha03/07/070711_.html（2021.4.17　取得）

地震調査研究推進本部, 2013. 南海トラフの地震活動の長期評価（第二版）概要資料.
　　https://www.jishin.go.jp/main/chousa/13may_nankai/nankai_gaiyou.pdf（2021.4.22　取得）

地震調査研究推進本部, 2014. 相模トラフ沿いの地震活動の長期評価（第二版）の概要資料.
　　https://www.jishin.go.jp/main/chousa/14apr_sagami/sagami_gaiyou.pdf（2021.4.22　取得）

地震調査研究推進本部, 2021. 海溝型地震の長期評価.
　　https://www.jishin.go.jp/evaluation/long_term_evaluation/subduction_fault/（2021.4.22　取得）

総理府, 2000. 阪神・淡路大震災復興誌.
　　http://www.bousai.go.jp/kyoiku/kyokun/hanshin_awaji.html（2021.4.22　取得）

東京消防庁, 2017. 東京都の地震時における地域別出火危険度測定（第9回）.
　　https://www.tfd.metro.tokyo.lg.jp/hp-bousaika/shukkakiken/index.html（2021.4.22　取得）

東京都, 2012a. 「木密地域不燃化 10 年プロジェクト」実施方針.
　　https://www.toshiseibi.metro.tokyo.lg.jp/bosai/mokumitu/pdf/houshin.pdf（2021.4.17　取得）

東京都, 2012b. 首都直下地震等による東京の被害想定.
　　https://www.bousai.metro.tokyo.lg.jp/taisaku/torikumi/1000902/1000401.html（2021.4.17　取得）

東京都, 2013. 南海トラフ巨大地震等による東京の被害想定.
　　https://www.bousai.metro.tokyo.lg.jp/taisaku/torikumi/1000902/1000402.html（2021.4.22　取得）

東京都，2018．地震に関する地域危険度測定調査報告書（第 8 回）．
　　　https://www.toshiseibi.metro.tokyo.lg.jp/bosai/chousa_6/home.htm（2021.4.17　取得）
東京都，2020a．防災都市づくり推進計画の基本方針．
　　　https://www.toshiseibi.metro.tokyo.lg.jp/bosai/bosai4.htm（2021.4.17　取得）
東京都，2020b．防災街区整備事業．
　　　https://www.toshiseibi.metro.tokyo.lg.jp/bosai/sokushin/seibijigyo.html（2021.4.22　取得）
東京都，2021．不燃化特区の制度．
　　　https://www.toshiseibi.metro.tokyo.lg.jp/bosai/mokumitu/seido.html（2021.4.22　取得）
内閣府，2001．都市再生プロジェクト（第三次決定）．
　　　https://www.mlit.go.jp/tochimizushigen/mizsei/toshisaisei/kandagawa1/sannkousiyo1.pdf（2021.4.17　取得）
内閣府，2013．首都直下地震の被害想定と対策について（最終報告）．
　　　http://www.bousai.go.jp/jishin/syuto/taisaku_wg/pdf/syuto_wg_siryo01.pdf（2021.4.17　取得）
内閣府，2019．南海トラフ巨大地震の被害想定（建物被害・人的被害）（再計算）．
　　　http://www.bousai.go.jp/jishin/nankai/taisaku_wg/pdf/1_sanko2.pdf（2021.4.17　取得）

令和 3 年 6 月 1 日発行　　　　　　　　　　　　　　調査研究リポート No.19325

災害リスクと地価のパネルデータ分析

発　行　　　公益財団法人日本住宅総合センター

〒102-0084 東京都千代田区二番町 6 - 3 二番町三協ビル 5 階

電話　03-3264-5901（代）

URL　http://www.hrf.or.jp/

印　刷　　　株式会社 日本印刷

転載する場合は、あらかじめご連絡願います。

ISBN978-4-89067-325-4　　　　　　　　　　定価 3,600 円（本体 3,273 円＋税 10%）